Anjana Gill

Danke, liebes Universum

Anjana Gill

DANKE LIEBES UNIVERSUM

95,7 % Wunscherfüllung

Omega

Omega-Verlag ist ein Imprint des Verlages »Die Silberschnur« GmbH

ISBN: 978-3-89845-610-4

1. Auflage 2019
2. Auflage 2019
3. Auflage 2020
4. Auflage 2021
5. Auflage 2022
6. Auflage 2023
7. Auflage 2025

Gestaltung & Satz: XPresentation, Güllesheim
Umschlaggestaltung: XPresentation, Güllesheim; unter Verwendung verschiedener Motive von © redchocolatte, © KatyaKatya und © dinkoobraz; www.adobestock.com
Druck: PB Tisk, a.s. Czech Republic

Verlag »Die Silberschnur« GmbH · Steinstraße 1 · D-56593 Güllesheim
www.silberschnur.de · E-Mail: info@silberschnur.de

Inhaltsverzeichnis

Einleitung
Oder: Vorfreude!

Seit ich angefangen habe, das Universum zu »testen«, kann ich nur noch lachen, staunen, mich wundern, freuen und gespannt sein. Es ist unglaublich, was ich da in meinem Leben losgetreten habe. Was seitdem alles passiert ist.

Mein Test mit dem Universum fühlt sich an, als wäre eine Zauberkraft am Werke. Ich erteile dem Universum einen Auftrag, ich bestelle etwas – und das wird dann tatsächlich Wirklichkeit. Und weil ich es irgendwie immer noch nicht richtig fassen kann, höre ich gar nicht mehr auf, das Universum zu testen.

Jeden Morgen, wenn ich aufstehe, überlege ich mir einen neuen kleinen Auftrag, und dann bin ich so gespannt, ob, wie und wann ich das Gewünschte bekommen werde. Seitdem ich das Universum teste, spüre ich ununterbrochen dieses freudige, aufgeregte Kribbeln in mir. Wird das Universum meinen Auftrag erfüllen – und wenn ja, wie? Und wann? Und wo?

Inzwischen weiß ich zwar, dass jeder Auftrag erfüllt wird – die Spannung und das Kribbeln bleiben trotzdem. Ich teste das Universum mit den verrücktesten Aufträgen – einfach, um mit dem Universum zu spielen. Ein Auftrag lautet zum Beispiel:

> Hallo Universum,
>
> ich sehe: einen roten Luftballon, zwei Männer, die auf einer Bank sitzen und mich an die Szene aus der Muppet Show erinnern, meine Geburtstagszahl.
>
> Ich freue mich drauf, liebes Universum. Du hast 24 Stunden Zeit.
>
> Danke!
>
> Und dann geht's los.

Meiner Geburtstagszahl begegne ich gefühlt 50-mal an diesem Tag. Die Welt ist plötzlich voller Luftballons – an jeder Ecke scheinen Luftballons zu hängen –, und am nächsten Abend, als ich auf einer Veranstaltung war und mich gedanklich gar nicht mehr mit meinem »Auftrag« beschäftigt hatte, sitzen vor mir zwei Männer auf einer Bank und es sieht aus wie? Ja, genau: Es sieht aus wie die Szene aus der Muppet Show!

Ich musste einfach nur noch lachen und mich freuen. Aber natürlich sind solche Aufträge nur zum Üben und zum Spaß haben. Denn das eigentliche Ziel ist: **die Erfüllung der Wünsche.** Die Erfüllung **deiner** Wünsche. Die Manifestation **deiner** Wünsche.

Und das klappt! Absolut erstaunlich, aber es funktioniert wirklich.

Geht dir das auch so? Obwohl dir die Bestell-Methode eigentlich bekannt ist, passiert es oft, dass du dir etwas wünschst, es sich aber nicht erfüllt? Und das, obwohl du schon lange kein Anfänger mehr bist und mindestens zehn Bücher über Wunscherfüllung, positives Denken, NLP, Buddhismus und wer weiß was alles bereits gelesen hast? Du weißt, dass die Qualität deiner Gedanken wichtig ist, hast dich mit dem Thema Achtsamkeit beschäftigt, versucht zu meditieren etc. Trotzdem hast du das Gefühl, es bewege sich zu wenig?

Weißt du, warum das so ist? Weißt du, woran das liegt?

Weil das meiste angelesenes Wissen und reine Theorie ist – vergleichbar mit dem Wissen für die theoretische Führerscheinprüfung. Du hast die Theorie bestanden, vielleicht sogar mit null Fehlerpunkten, aber fahren kannst du deshalb trotzdem nicht. Theorien sind lehrreich und können sehr inspirierend sein – eine wertvolle Grundlage, keine Frage. Aber nur vom Lesen ändert sich NICHTS in unserem Leben.

In Wahrheit bringt dich nur die Praxis weiter. Die praktische Arbeit mit dem Universum.

Nur durch das Experimentieren und Testen kannst du die Arbeitsweise des Universums besser kennen- und nutzen lernen. Aber mach dir keine Sorgen: Diese Experimente und Tests sind nicht trocken und langweilig. Im Gegenteil. Spannender geht's nicht! Diese Tests werden dein Leben auf den Kopf stellen. Versprochen!

Das Besondere an diesen Universumstests ist nämlich, dass

1. jeder mitmachen kann,
2. sie die Magie des Universums mitten in deinen Alltag bringen und
3. sie unglaublich viel Spaß und Freude machen.

Es ist sogar so, je mehr Spaß und gute Laune du beim Testen hast, umso mehr wirst du entdecken und in dein Leben ziehen. Das ist Freude pur.

Hast du dir schon einmal etwas vorgestellt und das ist dann wahr geworden und hat sich erfüllt? Ja, bestimmt, oder? Dann hast du deine Manifestationskraft bereits genutzt!

Du hast Manifestationskräfte. Jeder hat sie. Daher weiß ich sicher, dass auch du sie besitzt.

Also höchstwahrscheinlich hast du in der Vergangenheit schon einmal Bekanntschaft mit dieser Kraft gemacht und bereits erste Erfahrungen damit gesammelt. Falls nicht, ist das aber auch kein Problem. Wir üben das jetzt! Und ich verspreche dir – nach unseren Experimenten bist du ein Profi – ein Manifestationsprofi und rundum glücklich bist du auch. Du bist dann also ein glücklicher Manifestationsexperte/eine glückliche Manifestationsexpertin.

Was hast du gerade gedacht? Du bist dir nicht sicher, ob es damals, als sich dein Wunsch erfüllt hat, eher Zufall war? Du hast dir nämlich auch schon oft etwas gewünscht, was sich nicht erfüllt hat und leider nicht wahr geworden ist? Das kann natürlich sein. Zumindest kannst du das Gefühl haben. Aber wie sagt mein spiritueller Lieblingslehrer, Gurudschi, der weise Inder, immer:

Wünschen ist nicht manifestieren! Wünschen ist wünschen und Manifestieren ist manifestieren.

Wir sind hier nicht bei »Wünsch dir was«, sondern bei »Zeige mir das, liebes Universum«!

Das ist in der Tat ein entscheidender Unterschied. Wünschen ist kindlich. Wünschen macht zwar Freude, aber es ist in gewisser Weise auch passiv. Wünschen verwandelt dich in ein kleines Kind, das sich vom Weihnachtsmann ein Geschenk wünscht. Vielleicht erfüllt dir der Weihnachtsmann deinen Wunsch, vielleicht aber auch nicht. Kommt darauf an, ob du brav warst.

Bei unseren Experimenten ist es ganz egal, ob du brav warst. Du kannst sein, wie du bist. Du musst dich nicht verstellen, und du musst dich auch nicht anstrengen. Du kannst einfach du sein.
Unsere Tests sind außerdem leicht durchzuführen, machen unglaublichen Spaß und sind unfassbar wirkungsvoll. Ich kann dir gar nicht sagen, wie viel Freude dadurch in dein Leben kommt, Freude und Magie!

Morgens beim Aufstehen spüre ich schon die Aufregung und die Vorfreude auf den Tag: Welche und wie viele Wunder werden heute in mein Leben treten? Und welche Punkte von meiner Liste wird das Universum mir heute erfüllen?
Stress, Anspannung, Druck? Alles vorbei.
Freude, Spannung und Magie haben übernommen.

Das Universum und ich – wir sind die dicksten Freunde ever. Und das wird auch dir passieren – und zwar schneller, als du es dir im Moment noch vorstellen kannst.

Bevor wir richtig starten, hier ein kleiner Glücklich-mach-Test. Wir testen das Universum – du testest das Universum. ☺ Dein erster Auftrag ans Universum! Das ist ein bedeutender Moment. Sage dem Universum Folgendes:

> Hallo, liebes Universum,
>
> ich bekomme eine positive Überraschung. Innerhalb der nächsten 24 Stunden.
>
> Danke.
>
> Und los geht's …

Jetzt sei gespannt. Der Spaß kann beginnen. ☺

Vieles Gute in meinem Leben habe ich manifestiert, das weiß ich inzwischen. Das weniger Gute wahrscheinlich auch – darüber müsste ich nachdenken. Aber ich habe überhaupt keine Lust, mich länger mit weniger guten Dingen zu beschäftigen, und ich habe schon gar kein Interesse daran, in der Vergangenheit rumzuwühlen. Lieber konzentriere ich mich auf das Jetzt und auf die Erfüllung meiner Träume.

Es hat etwas gedauert, bis ich realisiert habe, dass tatsächlich fast alles, was ich mir wünsche, irgendwann in Erfüllung geht. ›Hey, du bist ja eine kleine Zauberin!‹, habe ich erfreut festgestellt, als mir das klar wurde.

Ich habe mich schon immer leidenschaftlich mit spirituellen Themen befasst, unzählige Bücher darüber gelesen und ja selbst auch schon einige veröffentlicht. Ich weiß also schon länger Bescheid über kosmische Gesetze, wie beispielsweise das Gesetz der Anziehung. Ich weiß schon länger darüber Bescheid, dass theoretisch jeder Mensch in der Lage ist, bestimmte Dinge und Ereignisse in sein Leben zu ziehen. Ich weiß, dass man angeblich etwas beim Universum »bestellen« kann. Ich weiß, dass gute Gedanken gute Dinge anziehen. Ich weiß, dass es jede Menge Dinge zwischen Himmel und Erde gibt, die wir uns nicht einmal vorstellen können. Ich weiß, dass man mit dem Herzen besser sieht, und ich weiß, dass es eine unglaubliche Welt hinter dem für uns Sichtbaren gibt. – Was ich nicht wusste, ist, **wie schnell du etwas in dein Leben ziehen kannst.** Das ist in der Tat unglaublich.

Die Zeit zwischen einem Wunsch und seiner Erfüllung kann unfassbar kurz sein und scheint immer kürzer zu werden. Nicht immer, aber immer öfter! **Die eigentliche Faszination ist also gar nicht mal nur die Erfüllung selbst, sondern die Schnelligkeit der Erfüllung!** Oft dauert die Manifestation, also die Erfüllung, nur einige Tage oder Stunden – das ist erstaunlich, absolut erstaunlich. Manchmal habe ich das Gefühl, bei einem kosmischen Wunscherfüllungszentrum »einzukaufen«. Und das auch noch kostenlos.

Bewusst geworden ist mir das zuerst durch mein persönliches Wunschbuch: Zu Beginn jeden Jahres kaufe ich mir ein leeres Buch. Zuerst einmal schreibe ich mir selber einen Brief, in dem ich mich dafür bedanke, was in diesem

kommenden Jahr, rückwirkend gesehen, alles Positive geschehen ist. Ich datiere diesen Brief ein Jahr vor, das heißt also, ich schreibe diesen Brief quasi aus der Zukunft. Dann verschließe ich den Brief und darf ihn erst wieder ein Jahr später öffnen. Dabei ist mir aufgefallen, dass sich fast alles erfüllt hat, was ich in diesem Brief aus der Zukunft an mich selbst geschrieben hatte.
Nun bin einen Schritt weitergegangen und habe mir zu Beginn eines Monats aufgeschrieben, was in diesem Monat geschehen und in Erfüllung gehen soll. Und siehe da – auch hier habe ich festgestellt, dass sich die meisten Wünsche erfüllen. Das bedeutet: Manifestieren ist möglich! Und nun kann ich gar nicht mehr aufhören, das Manifestieren zu üben. Langsam habe ich den Eindruck ich werde »manifestiersüchtig«. ☺

Alles hat übrigens mit dem Aufschreiben angefangen, mit dem Aufschreiben in mein kleines, magisches Wunscherfüllungsbuch. Geschriebenes erfüllt sich besser, jedenfalls ist das bei mir so. Wenn ich etwas aufschreibe, wird es meistens wahr.
Vielleicht könntest du dir auch so ein persönliches Wunscherfüllungsbuch zulegen. Das schadet jedenfalls nicht – im Gegenteil. Es bringt Struktur in deine Gedanken und auch in deine Wünsche. In dieses Buch darfst du deine Wünsche schreiben, Bilder einkleben von Dingen, die du in dein Leben ziehen möchtest, festhalten, welche Zeichen du vom Universum bekommen hast, welche »wunder-vollen« Dinge dir passieren und, und, und. Schreib hinein,

was du möchtest – das wird bestimmt auch etwas ganz Besonderes: du und dein magisches Buch.

Schreibe deine Wünsche auf. Dann werden sie bestimmt wahr werden.

Du brauchst das Buch ja niemandem zu zeigen, und du brauchst auch niemandem davon zu erzählen. Du kennst doch die anderen. Die, die mit beiden Beinen auf dem Boden stehen ... Die, die Wunder für Zufälle halten ... Vergiss, was andere denken. Vergiss, was du bis jetzt gehört hast.

Erinnerst du dich noch, als du ein kleines Kind warst? Damals warst du noch mit deinem echten Ursprung verbunden. Dann wurdest du sozialisiert und zu einem funktionierenden Mitglied unserer Gesellschaft geformt. Alles gut so, nur leider wurdest du auch Schritt für Schritt vom Zauber des Menschseins entfernt.

Menschsein ist mehr als arbeiten, Pauschalurlaub buchen, Sushi essen und Steuern bezahlen.

Als du anfingst zu träumen, wurde dir gesagt: »Hör auf zu tagträumen, meine Liebe! Bau keine Luftschlösser. Bleib mit den Füßen auf dem Teppich. Jetzt nur nicht abheben.« Und noch mehr »Weisheiten« dieser Art.

In der Schule hat der Lehrer beim Elternsprechtag zu deiner Mutter gesagt: »Die kleine Laura träumt zu oft vor sich hin. Sie muss besser aufpassen. Die kleine Laura muss sich genauer an den Erwartungshorizont halten. Sonst bekommt sie schlechte Noten.«
Und so kam eins zum anderen.

Ich sage dir: Vergiss das jetzt mal! Vergiss jede Art von Erwartungshaltung. Stattdessen: träume! Das ist der erste Schritt.

Kosmische Spielchen: Wir stimmen uns ein auf das Universum

Bevor wir richtig durchstarten, hier noch ein kleiner Vorversuch zum Einstimmen. Das Spiel mit dem freien Parkplatz kennst du ja bestimmt: Bevor du das nächste Mal mit deinem Auto losfährst, stellst du dir vor, dass du genau vor deinem Ziel einen Parkplatz findest, und bestellst diesen Parkplatz dann beim Universum. Und zwar einen Parkplatz, der groß genug ist, dass du auch bequem einparken kannst, sonst nützt er dir ja nichts. – Das klappt immer! Und es ist jedes Mal wieder ein wunderbares Gefühl, wenn genau im richtigen Moment eine Parklücke vor dem Ziel frei wird.

Christina: »Das ist wirklich lustig. Immer bevor ich zu Hause losfahre, stelle ich mir vor, wie ich vor meinem Ziel problemlos einen freien Parkplatz finde. Es klappt tatsächlich in 95 Prozent aller Fälle. Das macht richtig Spaß – und praktisch ist es auch.« ☺

Wenn dir dieser Versuch zu leicht ist und du die Angelegenheit mit dem Parken schon verinnerlicht hast oder du gar kein Auto hast, dann machen wir beide eine andere kleine Einstimmübung: die sogenannte Kamel-Einstimmungsübung:

Sage dem Universum, dass du heute – oder sagen wir in den nächsten 24 Stunden – ein Kamel sehen willst. (Kein menschliches! :-))

Hier dein Auftrag ans Universum:

> *Liebes Universum,*
>
> *ich sehe ein Kamel.*
> *Ich freu mich drauf.*
> *Du hast bis morgen Zeit.*
>
> *Danke.*
>
> *Und los geht's …*

Als ich das Kamelspiel zum ersten Mal gespielt habe, dachte ich, dass es schwierig werden könnte, in unseren

Breitengraden einem Kamel zu begegnen. Ein Kamel mitten in der Stadt – wie sollte das funktionieren?
Doch dann wurde ich eines Besseren belehrt. Ich habe nicht nur ein Kamel entdeckt, sondern gleich mehrere. Auf einmal waren die Tiere überall: auf Servietten, als Stofftier in einem Kiosk, als Aufkleber auf dem Auto vor mir an der Ampel, auf dem Titelbild einer Zeitschrift. Das war sehr lustig.
Ich hatte natürlich zuerst gedacht, ich müsste einem echten, also lebendigen Kamel begegnen.
Aber mein Auftrag lautete nur: Ich sehe ein Kamel. (Und nicht: Ich begegne einem lebenden Kamel!)

Der Auftrag hatte sich also zu **100 % erfüllt. Danke, liebes Universum.**

Und jetzt bist du dran! Ich bin gespannt, wo dir überall Kamele begegnen werden.

Dein Auftrag:

> Liebes Universum,
>
> ich sehe ein Kamel.
> Du hast 24 Stunden Zeit.
>
> Danke.
>
> Und los geht's …

Viel Spaß!

P. S.: Mit diesen kosmischen Spielchen öffnen wir unsere Augen, unsere Herzen, unsere gesamte Aufmerksamkeit für die Arbeitsweise des Universums. Je öfter du spielst, umso besser. Spiele, spiele, spiele – dann klappt's auch mit deinen Wünschen.

Denken wir zu oft mit dem Kopf? Theorie ist Theorie. In Wahrheit bringt uns nur die Praxis weiter. Vergiss für einen Moment alles, was du bis jetzt gelesen hast. Vergiss für einen Moment dein gesamtes theoretisches Vorwissen. Ich habe festgestellt, dass Menschen, die völlig unbedarft an die Universumsexperimente herangehen, oft die erstaunlichsten Ergebnisse erzielen.

Vielleicht ist das kein Wunder, denn kopfgesteuerte Menschen denken meist hauptsächlich an Pflichten und Erwartungen. Diese Gedanken kennen wir ja alle, wenn der Kopf dir sagt: »Ich muss aufräumen, Post erledigen, Schränke ordnen, die Steuer machen, den Rasen mähen, das Fahrrad flicken, den Keller entrümpeln …« Zugegeben, auch das muss irgendwann mal erledigt werden, aber vielleicht nicht jetzt. Das ein oder andere kann ruhig etwas warten. Im Moment gibt es Wichtigeres zu tun. Wir müssen uns jetzt mit dem Universum beschäftigen. Sorry, Keller.

Lass dir von deinem Kopf keinen Stress machen. Wenn du das starke Gefühl hast, jetzt nichts von den Pflichten machen zu wollen, sondern einfach mal leicht und locker zu sein, dann sei es.

Kopf aus – Herz an. Es lohnt sich. Denn das Universum will dir bestimmt etwas zeigen …

Ist das Universum eine Mutter?

Es waren einmal Zwillinge im Mutterleib. Der eine Zwilling fragte den anderen Zwilling: »Glaubst du an ein Leben nach der Geburt? Ich glaube nicht daran. Nein, auf keinen Fall. Es ist noch nie einer zurückgekommen. Mit der Geburt ist das Leben zu Ende.«
Der andere Zwilling antwortete: »Aber vielleicht ist das Leben nach der Geburt doch nicht zu Ende. Und du siehst deine Mutter.«
Der erste Zwilling runzelte die Stirn. »Mutter! Du glaubst an eine Mutter? Wo soll die denn sein?«
»Na, hier überall. Überall um uns herum.«
»Glaube ich nicht. Ich habe die noch nie gesehen. Die gibt es gar nicht.«
»Doch«, erwiderte der andere Zwilling. »Doch, manchmal, wenn du ganz still bist, kannst du sie singen hören.«

Manche Dinge sind eine Frage der Perspektive. ☺

Das Universum ist auch immer um dich herum, und wenn du mal etwas leiser bist, dann kannst du »Mutter Universum« singen hören.

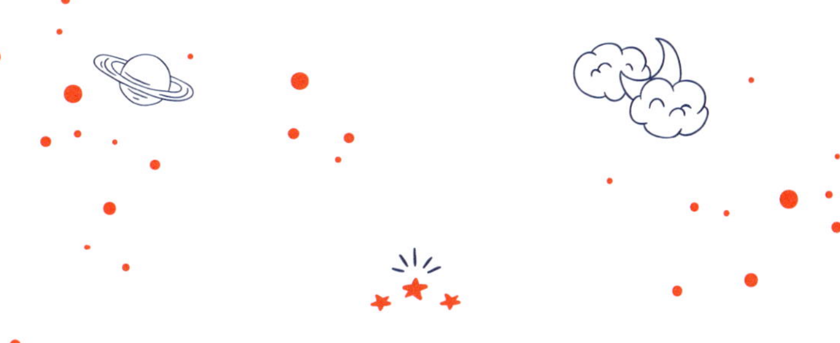

Hallo Universum, wir testen dich.

Test 1: Lass dich überraschen …

Unser erster Universumstest ist zum Warmwerden: Der Überraschungs- oder auch Glücklich-Mach-Test. Sage dem Universum, dass du eine Überraschung bekommen möchtest. Richte dafür folgenden Auftrag an das Universum:

> Hallo, liebes Universum,
>
> ich bekomme eine Überraschung.
> In den nächsten 24 Stunden.
> Ich freue mich drauf.
>
> Danke, liebes Universum.
>
> Und los geht's …

Warte! Wir haben noch etwas Wichtiges vergessen: Wir müssen unbedingt noch hinzufügen, dass es eine positive Überraschung sein soll! Sicher ist sicher. ☺ Also, liebes Universum: Ich bekomme eine positive Überraschung.

Ab jetzt gilt: Halte deine Augen und dein Herz offen und richte deine Aufmerksamkeit auf die Lieferung des Universums! Und leg dich nicht auf eine bestimmte Überraschung fest. (Dazu kommen wir später noch.) Bei diesem ersten Test halten wir es allgemein: Wir möchten eine Überraschung – egal, welche. Dieses Mal darf sich das Universum aussuchen, womit es dich überraschen will.

Also sei völlig offen und leg jede Erwartungshaltung ab. So öffnest du dem Universum alle Möglichkeiten. Eine Überraschung ist schließlich eine Überraschung, sonst wäre es ja keine.

Mache es auf keinen Fall wie meine Freundin Anna, die gesagt hat: »Oh ja, toll. Eine Überraschung! Ich wünsche mir, dass ich einen Heiratsantrag von Stefan bekomme.«

Auch Sabrina hat im ersten Moment ähnlich reagiert: »Ich wünsche mir als Überraschung Geld, damit ich endlich meine Freundin in Lissabon besuchen kann.«

Anna und Sabrina haben da etwas verwechselt. Sie möchten die Erfüllung eines konkreten Wunsches. Dazu

kommen wir aber erst später. (Aber wir kommen dazu!) In diesem ersten Experiment sollst du dir erst einmal nur eine Überraschung wünschen. Ganz wichtig ist jedoch der Zusatz – eine **positive** Überraschung. Denn eine Überraschung ist ja nicht zwangsläufig positiver Natur! Eine Überraschung kann vieles sein. Ein Wasserrohrbruch ist auch eine Überraschung. Und was für eine! Also, nicht vergessen: eine POSITIVE Überraschung!

Ganz wichtig ist außerdem, wie gesagt, dass du bei diesem Experiment keinerlei Erwartungshaltungen hast. Wenn du in einem Restaurant ein Überraschungsmenü bestellst, kannst du auch nicht festlegen: Ich möchte eine Tomatensuppe, anschließend Spaghetti mit frischem Pesto und zum Nachtisch Tiramisu. Lass los und lass dich überraschen! Das Universum weiß, was dir »schmeckt«.

Worauf es also ankommt, sind diese beiden Punkte:

1. Wichtig ist, dass du dir ausdrücklich eine positive Überraschung wünschst.
2. Wichtig ist, dass du absolut keine Erwartungshaltung hast.

Ist das in Ordnung für dich?

Auf Wiedersehen, altes Ich – oder vielleicht besser nicht?

Man kann dein altes Ich förmlich hören, wie es sagt: »Oh, eine Überraschung, wie schön!« Doch sofort schleicht sich etwas Bestimmtes in deinen Kopf – irgendein verborgener Wunsch, etwas das du dir vielleicht schon länger heimlich wünschst. Sobald dein altes Ich das Wort »Überraschung« hört, sucht es nämlich in deinen Denkgewohnheiten nach deinen Wünschen. Das hat es immer so gemacht.
Aber Vorsicht! Jede Erwartung beschränkt dich! Deshalb schicken wir alle unser altes Ich jetzt fort. Das Überraschungsexperiment möchte von dir, dass du jede – JEDE! – Erwartungshaltung fallen lässt. Jede Erwartung schicken wir zusammen mit deinem alten Ich in einen 24-Stunden-Kurzurlaub. Viel Spaß, ihr beiden! Jetzt können dein altes Ich und deine Erwartungen sich herrlich gegenseitig auf die Nerven gehen.

Hallo, neues Ich, du kannst jetzt übernehmen.
Dein neues Ich ist frei und neugierig. Dein neues Ich ist grenzenlos offen für Neues. Dein neues Ich öffnet 24 Stunden Augen und Herz – neugierig und voller Vorfreude. Und neugierig sein und offen ist wichtig, denn es geht darum loszulassen. Du musst nicht wissen, was für dich am besten ist. Das Universum weiß es besser. **Das Universum kennt dich besser, als du dich kennst.**
Dein altes Ich mischt sich gleich wieder ein: »Ach ja? Woher soll das Universum mich denn kennen?« Das Universum kennt dich, weil du in diesem Universum lebst!

Alles, was du jetzt tun sollst, ist loslassen, dich einlassen und dich dieser wundervollen universellen Energie anvertrauen. Dieser Kraft, dieser Urkraft, die größer und klüger ist als alles, was du dir vorstellen kannst.
Diese Urkraft empfängt dich mit offenen Armen. Es ist die Kraft des Universums – es ist die Kraft, die in dir wirkt. Jede Zelle deines Körpers stammt daher. Jede einzelne deiner Zellen besitzt diese Kraft des Universums! Stell dir mal vor, was das bedeutet! Alleine das ist eigentlich schon ein Wunder!

Das Universum ist immer für dich – niemals gegen dich. Das Universum unterstützt dich. Immer – ohne Kampf und Anstrengung. Es ist einfach da – für dich.

Zurück zu unserem Test. Du kannst deine Überraschungsbestellung jetzt endlich losschicken:

> Liebes Universum,
>
> ich bin gespannt, welche positive Überraschung du mir innerhalb der nächsten 24 Stunden schenkst.
> Ich freu mich drauf.
>
> Danke.
>
> Und los geht's ...

Viel Spaß!

Kleiner Tipp: Hast du dir dein Zauberbuch schon angeschafft? Dann notiere dort diesen Test, deine Erfahrungen und deine Ergebnisse.

Beispiel:

1. Test: Positive Überraschung

Überraschungsauftrag abgeschickt: 1.3.

Erfolgte Erfüllung: 2.3., 11 Uhr

Flasche Wein und Blumen von Frau M. geschenkt bekommen, einfach nur so. ☺

Erfolgte Erfüllung: 100%

Danke, liebes Universum.

Solltest du dir noch kein Zauberbuch zugelegt haben, kannst du deine Erfahrungen auch hier in diesem Buch notieren. Ich lasse jetzt einfach mal ein wenig Platz für deine Notizen.

1. Test: Positive Überraschung

Überraschungsauftrag abgeschickt: ____________________

Erfolgte Erfüllung: ____________________________

Was genau hast du bekommen: ____________________

____

____

Wann genau hast du es bekommen: ______________________

____

Hier eine paar kleine Kostproben, wie das Universum arbeitet: Überraschungen, die andere erhalten haben.

Lisa: »Ich habe völlig unerwartet einen Blumenstrauß von meiner Freundin bekommen.« ☺

Jasmin: »Ich habe einen Ring, den ich vor zwei Wochen verloren hatte, wiedergefunden. Und weißt du, wo? Zwischen meinen aussortierten Klamotten, die ich gerade wegbringen wollte. Ich bin so glücklich. Danke, liebes Universum.«

Rosi: »Mich hat eine Frau so lieb und warm angelächelt – solch ein Lächeln ist eine wunderschöne Überraschung. Das mache ich jetzt auch mal.«

Marie: »Meine Nachbarin hat mir ein Buch geschenkt. Einfach so! Danke, Universum.«

Roland: »Ich habe meiner Frau Blumen geschenkt – damit sie eine Überraschung bekommt.« ☺
(Danke, Roland, dass du Universum gespielt hast. War aber anders gemeint.)

Sonja: »Meine Tochter hat eine Eins in Mathe geschrieben. Das war meine schönste Überraschung. Sonst schreibt sie immer Vieren.«

Susi: »Ich habe eine Einladung zum Essen bekommen. Wie aufregend. Danke, liebes Universum.«

Raphaela: »Wow, ich habe eine Reise gewonnen! Wahnsinn! Das funktioniert wirklich! Danke, Universum.«

Christoph: »Hab eigentlich nicht dran geglaubt. Hab aber ein tolles Angebot bekommen. Amazing.«

Ist das nicht wundervoll? Das Überraschungsspektrum ist riesengroß. Es gibt so viele Überraschungen, wie es Menschen gibt. Danke, liebes Universum.

Ich bin gespannt, welche Überraschung du bekommst. Schreib mir das bei Facebook oder wo du möchtest. Ich freu mich darauf. Ich liebe Überraschungen. ☺

WUNSCHERFÜLLUNGSBESCHLEUNIGER

FÜHLST DU DEN UNTERSCHIED?

Wenn du eine Überraschung vom Universum möchtest, solltest du bei deiner Bestellung unbedingt dazusagen, dass es sich um eine positive Überraschung handeln soll – das hast du jetzt verinnerlicht. Es geht aber noch weiter. **Alles**, was du bestellst, muss positiv formuliert sein. **Jeder einzelne Auftrag muss positiv formuliert sein.** Du darfst dir niemals etwas negativ Formuliertes wünschen. Niemals! Denn Negatives zieht Negatives an! Vergiss das nie!

Hier nun einige Beispiele für dich:

8ung! Diese Wunschformulierung geht gar nicht:
Ich möchte nicht krank sein. 8ung!
Formuliere diesen Auftrag sofort um und sage stattdessen: Ich bin gesund.

8ung! Das geht gar nicht:
Ich möchte heute keinen Ärger im Büro.
Formuliere stattdessen positiv: Ich habe heute einen erfolgreichen, glücklichen Tag im Büro.

8ung! Das geht gar nicht:
Ich möchte, dass mein Pubertier nicht so frech ist. (Der Wunsch einer Mutter einer pubertierenden Tochter. ☺)
Formuliere stattdessen positiv: Ich verstehe mich wunderbar mit meiner Tochter. Wir sind auf einer Wellenlänge.

8ung! Das geht gar nicht:
Ich möchte keine Geldsorgen haben.
Formuliere stattdessen positiv: Ich habe Geld in Hülle und Fülle.

8ung! Das geht gar nicht:
Ich möchte nicht immer kämpfen.

Formuliere stattdessen positiv: Alle Türen öffnen sich leicht. Ich brauche nur hindurchzugehen.

Fühlst du den Unterschied?

Der neue, positiv formulierte Auftrag sendet eine völlig andere Schwingung aus.

Jetzt bist du dran: Durchstöbere mal deinen Geist nach solchen Denkfallen. Ich bin sicher, auch bei dir haben sich welche eingenistet. Und selbst wenn du genau weißt, wie das alles funktioniert, und selbst wenn du weißt, dass man stets positiv formulieren sollte, schleichen sich dennoch immer wieder solche kleinen Fallen ein. Also sei wachsam und aufmerksam.

Ich muss mein Denken auch ständig beobachten und immer wieder neu einstellen. Manchmal erwische ich mich dabei, wie ich denke: ›Ich will nicht, dass dies und das passiert.‹ Geht's noch?! Ich weiß doch, dass ich nichts negativ Formuliertes ordern darf! Immer wieder erwische ich mich dabei.

Und? Bei welcher negativ formulierten Bestellung erwischst du dich? Schreib sie einmal auf:

8ung! Das geht gar nicht: ______________________

____

Positiv formuliert wird daraus: ________________

____

Wir alle sind natürlich einem permanenten negativen Nachrichteninput ausgesetzt. Daher ist es eigentlich kein Wunder, dass wir unser Denken immer wieder neu zurechtrücken müssen, dass wir immer wieder darauf achten müssen, in der positiven Formulierung zu bleiben. Aber dann machen wir das eben ab jetzt! Sobald dein altes Ich wieder etwas formuliert, kommt ab jetzt dein neues Ich und bringt es wieder in Ordnung. Dein neues Ich – dein positives Ich – ist neugierig und voller Vorfreude.

Positives öffnet die Tür zum Universum.

GLEICHES ZIEHT GLEICHES AN

Gleiches zieht Gleiches an, d. h. du ziehst an, was du aussendest. Das ist nichts Neues. Das wissen wir alle. Theoretisch.

In dem Bewusstsein, dass Gleiches Gleiches anzieht, ist es eigentlich schierer Wahnsinn, auch nur einen einzigen negativen Gedanken zu denken. Und trotzdem: Immer wieder gleiten wir ab in die Tiefen des destruktiven Denkens.

Wir wissen: Gedanken haben Zauberkraft.
Gute Gedanken ziehen gute Dinge an.
Schlechte Gedanken ziehen schlechte Dinge an.

Deine Gedanken bestimmen deine Schwingung. Gute Gedanken erhöhen deine Schwingung – und das hat weitreichende Konsequenzen: Denn deine Schwingung sendest du in die Welt hinaus. Und deine Schwingung zieht dann genau das gleiche Schwingungsmuster wieder an.

Hört sich toll an. Das ist dir auch klar, das hast du verstanden. Aber soll ich dir mal etwas sagen: Nur weil du das gelesen hast, wird sich NICHTS in deinem Leben verändern. Vom Lesen alleine hat sich noch nie etwas verändert. Das ist bloße Theorie. Praxis! Wir müssen es praktizieren! Wir müssen GUTE GEDANKEN DENKEN! Immer! In jedem einzelnen Moment. Auch in genau diesem Moment. Und im nächsten Moment. Und im übernächsten Moment ...

Heute ist immer auch schon morgen

Was du heute denkst, tust und fühlst, wirst du in irgendeiner Form zurückbekommen. Das ist ein Naturgesetz und bedeutet, dass heute immer auch schon morgen ist. Was du heute denkst, tust und fühlst, das entscheidet auch, wie deine Welt morgen, wie deine Zukunft aussehen wird.

Dein neues Ich weiß das. Dein altes Ich versucht aber immer wieder gerne, dich auf eine andere Fährte zu locken.

Also Vorsicht! Positive Gedanken – dann klappt's auch mit dem Morgen. Denn positive Gedanken und Gefühle sind großartige Wunscherfüllungsbeschleuniger. Je mehr positive Gedanken du denkst und je mehr positive Gefühle du fühlst, umso schneller wird das Universum liefern! Jeder negative Gedanke und jedes negative Gefühl dagegen verschließt die Tür zum Lieferdienst des Universums. Probiere es aus. Das funktioniert!

Eine kleine Gehirnwäsche

Mein lieber spiritueller Lehrer, Gurudschi, der weise Inder, pflegt stets zu sagen: »Es ist sehr wichtig, dass du auf deine Geisthygiene achtest, meine liebe Freundin. Geisthygiene, darüber sprecht ihr nicht, nicht wahr? Dein Haus hältst du sauber, deine Küche schrubbst du ständig. Ihr tauscht euch aus über Putz- und Reinigungsmittel. Doch was ist mit deinem Geist? Ist deine Küche wichtiger als dein Geist? Beschäftige dich unbedingt auch mit der Reinheit deines Geistes.«

Wenn ich Gurudschi auf seinem Floß besuche, gibt es zu Beginn stets erst einmal eine kleine Gehirnwäsche: »Schau nach, was sich in deinem Gehirn in der letzten Zeit alles angesammelt hat: Welche Gedanken, Glaubensmuster, gesellschaftlichen Meinungen, Erwartungen haben sich wieder eingenistet? Alles, was nicht aus deinem Herzen kommt, kannst du getrost ›wegwaschen‹. Einstellungen, die nicht aus deinem Herzen kommen, brauchst du nicht.«

Das ist Gehirnwäsche.

Gurudschis Gehirnwäsche steht immer zu Beginn jeden Gesprächs über Gott und das Universum. Er sagt: »**Vor dem Essen wäschst du dir deine Hände. Vor der Verbindung mit dem Universum solltest du dein Gehirn ›waschen‹.«**
Schön, nicht wahr? Mein lieber, weiser Gurudschi.

Und nun schau mal bei dir nach: Was kommt wirklich aus deinem Herzen? Tief aus deinem eigenen Herzen?

**Wenn du deinem Herzen folgst,
öffnest du die Tür zum Universum.**

Tue immer (!), was dein Herz dir sagt – es kennt deinen richtigen Weg.

Zwischenspiel: Ein bisschen Spaß muss sein ...

Liebes Universum,

ich möchte ein Geschenk bekommen. ☺

Am liebsten heute noch.

Danke.

Stell es dir vor, aber das Universum denkt weiter – die gute alte Visualisierung

Du kennst ja sicherlich das Prinzip der Visualisierung. Bei diesem »Verfahren« sollst du dir genau überlegen, was du dir wünschst und was genau du in dein Leben ziehen möchtest. Anschließend sollst du dir das Gewünschte vorstellen – möglichst in allen Einzelheiten. Die Theorie dahinter ist, dass du mit deiner Vorstellungskraft alles, was du dir wünschst, in dein Leben ziehen kannst.

Das klappt auch! Das praktizieren viele Sportler. Sie stellen sich den Sieg in Gedanken vor. So hat sich z. B. eine höchst erfolgreiche Biathletin seit ihrer Kindheit immer wieder vorgestellt, wie sie oben auf dem Siegertreppchen auf Platz eins steht und jubelt. Sie hat sich das nicht nur vorgestellt, sondern sie hat es sogar gespielt. Sie hat sich ein Treppchen gebaut, sich daraufgestellt und gejubelt!

Du kannst anziehen, was du dir intensiv vorstellst. Bei Sportlern ist die Sache klar – sie wünschen sich den Sieg. Aber was ist mit uns anderen? Was können wir visualisieren bzw. was sollen wir visualisieren, um glücklich zu werden?

Ein Haken an der Sache ist, dass du mit dieser Methode nur anziehen kannst, was du dir vorstellen kannst. Das ist jedoch manchmal sehr schade. Es gibt vielleicht noch viel großartigere Dinge, als die, die du dir im Moment vorstellen kannst. Und diese Dinge kennt das Universum. Das Universum weiß, was das Beste für dich ist. Das Universum »denkt« weiter als wir.

Ich erzähle dir jetzt eine wahre Geschichte aus **Anjulis** Leben – eine wahre Geschichte darüber, wie das Universum arbeitet. Anjuli schrieb: »Ich war an einem Tiefpunkt in meinem Leben und brauchte dringend den Rat eines Anwalts. Ich vereinbarte einen Termin bei einem Anwalt, der mir von Bekannten empfohlen worden war. Am Tag des Termins ging es mir jedoch plötzlich schlecht. So schlecht, dass ich das Haus nicht verlassen konnte und leider diesen für mich so wichtigen Termin nicht wahrnehmen konnte. Glücklicherweise konnte ich den Termin verschieben und bekam einen Alternativtermin zehn Tage später. Noch am selben Abend fühlte ich mich wieder pudelwohl.

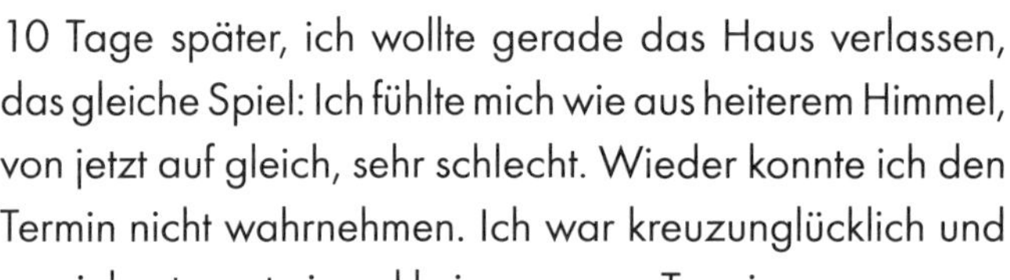

10 Tage später, ich wollte gerade das Haus verlassen, das gleiche Spiel: Ich fühlte mich wie aus heiterem Himmel, von jetzt auf gleich, sehr schlecht. Wieder konnte ich den Termin nicht wahrnehmen. Ich war kreuzunglücklich und vereinbarte erst einmal keinen neuen Termin.
Eine Woche später brauchte ich jetzt aber wirklich dringend anwaltlichen Rat. Ich rief in einer Anwaltskanzlei in der Nähe meines Wohnorts an und bekam, weil ich so verzweifelt war, noch am gleichen Tag einen Termin.« – Mit diesem Anwalt ist Anjuli jetzt verheiratet. Seit 23 Jahren.

Die Wege des Universums sind unergründlich. Das Universum findet Mittel und Wege, um dich dorthin zu führen, wo du sein sollst. Was ich mit Anjulis Geschichte sagen möchte: **Lasse immer auch dem Universum die Möglichkeit, das für dich Beste zu organisieren. Vertraue dich dem Universum an. Es meint es immer gut mit dir.** Sei offen nach allen Seiten hin – manche Dinge kannst du dir einfach noch gar nicht vorstellen.

Anjulis Geschichte geht noch weiter. Mit dem Visualisieren hat es nämlich bei Anjuli zusätzlich auch geklappt. Sie schreibt weiter: »Ich habe eine gedankliche Rückzugsoase. Einen imaginären Ort in meinen Gedanken, an den ich mich zurückziehen kann. Meine Gedankenoase ist eine sonnendurchflutete Stelle vor einem kleinen Wasserfall; am Rand des Wassers liegen große Steine, im Gras steht eine Schaukel. Es gibt dort wunderschöne bunte Vögel und farbenprächtig blühende Blumen. Ich schließe die

Augen, stelle mir diesen Ort vor und verweile dort. Manchmal treffe ich dort auch meinen Schutzengel. Dann setzen wir uns auf einen der großen Steine an meinem kleinen Wasserfall, lauschen dem Zwitschern der Vögel, fühlen die wärmenden Strahlen der Sonne auf der Haut und ich erzähle meinem Schutzengel, was mich gerade so beschäftigt, oder wir sitzen nur so zusammen. Fühlt sich jedenfalls wunderschön an. Das ist mein Kraftort, meine Seelentankstelle.

Damals, in jener Zeit, war ich gedanklich oft, sogar fast täglich an diesem Ort. So und jetzt halt dich fest: Als ich zum ersten Mal bei meinem Anwalt zu Hause eingeladen war, sah ich, dass dort ein Bild hing – mit einem Wasserfall. Und daneben stand ein großer Engel! In dieser Sekunde wusste ich, dass ich hier richtig war. Ich habe mich unendlich geführt gefühlt vom Universum, von meinem Schutzengel. – Überleg mal, in welchem Haus hängt ein Bild von einem Wasserfall und vor genau diesem Bild steht auch noch eine 50 cm hohe Engelsfigur? Die Engelsfigur hatte er zudem auch noch erst kürzlich erworben. Da fragt man sich, was war eigentlich zuerst da? Und was hat ihn dazu geführt, eine Engelsfigur zu kaufen und sie vor dieses Bild zu stellen? Und warum habe ich mir genau diesen Ort vorgestellt?

Egal. Das Universum hat jedenfalls ganze Arbeit geleistet. Danke nochmal dafür, liebes Universum.«

P. S.: Richte dir doch auch eine Gedankenoase ein. Du kannst dir deine ganz eigene individuelle Gedankenoase

einrichten. Eine Gedankenoase soll einfach ein innerer Rückzugsort sein, an dem du dich wohlfühlst. Deine Oase könnte eine Hütte in den Bergen sein, ein Platz unter einem Baum auf einer Wiese, ein Platz am Strand, ein Platz auf einem Stern wie beim kleinen Prinzen – whatever.
Es ist dein Platz!

Deine Gedankenoase ist ein Türöffner für das Universum.

Das Gesetz der Anziehung zum Quadrat. Oder: Das Ein-Bild-sagt-mehr-als-tausend-Worte-Phänomen

Weißt du, was in der Tat ganz erstaunlich ist? Bilder werden wahr! Bilder haben eine gigantisch große Kraft, die dabei hilft, Wünsche wahr werden zu lassen. Bilder haben eine fast magische und magnetische Wirkung.

Tipp zur Wunscherfüllungsbeschleunigung:
Erstelle dir eine Collage und klebe Fotos und Bilder von Dingen und Situationen darauf, die du haben bzw. erleben möchtest, die du in dein Leben ziehen möchtest. Besorge dir einen Stapel Zeitschriften und es kann losgehen: Schneide die Fotos heraus, die dem entsprechen, was du anziehen möchtest, und kreiere deine neue Welt. Du

kannst diese Fotos in dein persönliches Wunscherfüllungsbuch kleben, du kannst diese Collage aber auch an deinen Schrank hängen oder über deinen Schreibtisch, einfach dorthin, wo du die Fotos möglichst oft siehst. Diese Collage wirkt wie Magnet! Du hältst es vielleicht nicht für möglich, aber diese Dinge werden sich erfüllen.

Geschriebenes hat eine ungeheure Manifestationskraft, aber Bilder übertreffen das bei weitem.

Hier ein kleiner Eindruck von der Wirkungskraft der Bilder, von der **Lisa** berichtet: »Ich wollte immer schon nach Indien zum Taj Mahal reisen. Das war seit meiner Kindheit mein großer Traum. Aber leider hat es einfach nie geklappt. Dann habe ich einen Kalender mit Fotos von Indien geschenkt bekommen. Die Seite mit dem Taj Mahal habe ich herausgerissen und separat aufgehängt. Sie hing direkt an meinem Schreibtisch, so konnte ich das Taj Mahal jeden Tag bewundern. Zwei Jahre später lernte ich ›zufällig‹ eine neue Freundin kennen, die genau den gleichen Traum hatte. Wir flogen gemeinsam dorthin. Ich habe das Taj Mahal gesehen – ein Lebenstraum ist wahr geworden.«

Sabrina erzählt: »Ich habe immer von einem kleinen Häuschen im Grünen geträumt – umgeben von einem wilden Naturgarten mit tollen Blumen und einem Apfelbaum. Als ich von der Ein-Bild-sagt-mehr-als-tausend-

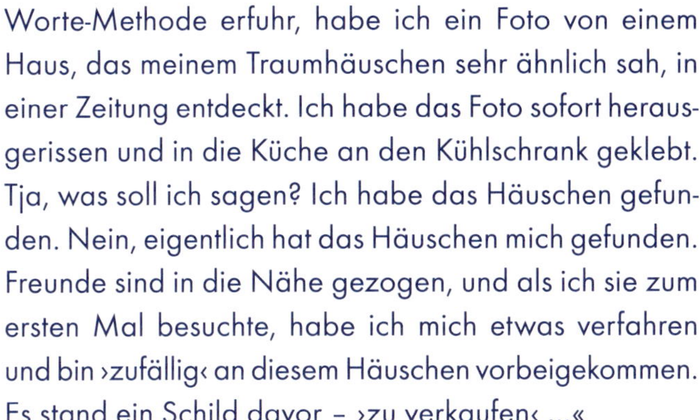

Worte-Methode erfuhr, habe ich ein Foto von einem Haus, das meinem Traumhäuschen sehr ähnlich sah, in einer Zeitung entdeckt. Ich habe das Foto sofort herausgerissen und in die Küche an den Kühlschrank geklebt. Tja, was soll ich sagen? Ich habe das Häuschen gefunden. Nein, eigentlich hat das Häuschen mich gefunden. Freunde sind in die Nähe gezogen, und als ich sie zum ersten Mal besuchte, habe ich mich etwas verfahren und bin ›zufällig‹ an diesem Häuschen vorbeigekommen. Es stand ein Schild davor – ›zu verkaufen‹ …«

Jasmin schreibt: »Ich habe ein absolutes Lieblingsgemälde. Das hing in meinem Elternhaus im Flur vor meinem Kinderzimmer: ein Haus mit einer Pferdeweide und zwei grasenden Pferden darauf. Viele Jahre später ist mir aufgefallen, dass mein jetziges Zuhause genau diesem Bild gleicht.«

24 Stunden? Nein, bei der Ein-Bild-sagt-mehr-als-tausend-Worte-Methode reichen 24 Stunden natürlich nicht aus. Bei dieser Methode würde ich auf das zeitliche Limit verzichten. Spielt doch auch keine Rolle – dein Bild wird wahr, wenn es wahr werden soll.

Und, was soll bei dir wahr werden? Wovon träumst du? Stell es dir vor, träume und schicke dein Bild ins Universum. Es wird als Wirklichkeit zu dir zurückkommen.

Zwischenspiel: Simsalabim

Liebes Universum, da sind wir wieder!

Damit wir nie wieder in der Theorie hängen bleiben, schlage ich vor, dass wir jetzt eine kleine »unsinnige« Übung machen: Wir bestellen etwas, das für uns absolut unwichtig ist und überhaupt keinen direkten Nutzen hat. Ich schlage vor, wir bestellen einen roten Luftballon.

Hier ist dein Auftrag ans Universum:

> *Hallo Universum,*
>
> *ich sehe einen roten Luftballon.*
> *Du hast wieder 24 Stunden Zeit.*
>
> *Danke.*
>
> *Und los geht's ...*

Einen roten Luftballon bestelle ich mir heute auch zum ersten Mal. Das ist sehr angenehm – denn mir ist es eigentlich egal, ob ich einen roten Luftballon sehe oder nicht.☺ (Naja, nicht wirklich. Ich möchte schon gerne einen sehen ...) Mal sehen, was passiert.

Luftballonauftrag: 26.03., Mittag

Erfolgte Erfüllung: 27.02., 10.20 Uhr

Ich hatte eigentlich einen fliegenden Luftballon erwartet. Aber dann kam es anders: Ich spazierte an einem Schaufenster vorbei, in dem der Schaufensterboden mit Luftballons dekoriert war.

Trotzdem. Erfolgte Erfüllung: 100 %

Danke, liebes Universum.

Oft kommt es anders – aber es kommt. ☺

Und hier jetzt deine Erfahrung:

Luftballonbestellung: ______________________________

Erfolgte Erfüllung: ________________________________

____

____

____

Und? Wo und wie bist du einem roten Luftballon begegnet? (Stell dir mal vor, du sitzt am Fenster in einem Flugzeug und plötzlich fliegt ein roter Luftballon vorbei. Das wollen wir dann doch alle wissen. ☺ Das musst du uns unbedingt erzählen.)

Das Löse-den-Knoten-Prinzip

Realität? Was bitte ist überhaupt die Realität? Was ist meine Realität? Was ist unsere Realität? Was ist deine Realität? Ist Realität starr und unveränderbar? Oder können wir Realität eventuell verändern? Das ist doch die entscheidende Frage: Ist es möglich, deine Realität zu verändern?

Deine Realität wird bestimmt durch deine Glaubenssätze. Beispiele für Glaubenssätze über Realitäten gibt es viele. Betrachten wir hier mal einige der gängigen Glaubenssätze:

> Du glaubst, dass es die Realität ist, dass du nicht genug Geld hast?
>
> Du glaubst, dass es die Realität ist, dass du schüchtern bist?
>
> Du glaubst, dass es Realität ist, dass du oft ausgenutzt wirst?
>
> Du glaubst, dass es Realität ist, dass du keine Wohnung findest?
>
> Du glaubst, dass es Realität ist, dass du Pech in der Liebe hast?
>
> Du glaubst, dass es Realität ist, dass …

Hör auf damit – diese Glaubenssätze stammen aus deinem alten Ich. Schluss mit den alten Hüten! Wäre es nicht

viel angenehmer, eine andere Realität kennenzulernen? Ist es eventuell sogar möglich, Glaubenssätze umzudrehen? Ja, natürlich ist das möglich.

Für uns stellt sich doch diese Frage: Wenn ich die alten Glaubenssätze ins Gegenteil umkehre, bekomme ich dann auch das Gegenteil?
Betrachten wir den alten Glaubenssatz: »Ich habe kein Glück bzw. Pech in der Liebe.«
Wenn du diesen Glaubenssatz ins Gegenteil verkehrst, dann wird daraus dieser neue Glaubenssatz: »Ich habe Glück in der Liebe. Ich lebe in einer wunderbaren Partnerschaft.«

Die Frage aller Fragen: Wird dann dieser neue Glaubenssatz zu deiner neuen Realität werden? Wird dann »Glück in der Liebe haben« deine Realität werden? **Ja, wird es!** Probiere es aus.

Untersuchen wir einen weiteren Glaubenssatz: »Es ist Realität, dass ich am Arbeitsplatz gemobbt werde.« Wenn du diesen alten Glaubenssatz ins Gegenteil umdrehst, wird daraus dieser neue Glaubenssatz: »Ich habe ein wunderbares Verhältnis zu meinen Arbeitskollegen.«
Frage: Wird sich dann auch deine Realität ins Gegenteil umdrehen? Wird sich tatsächlich deine Situation am Arbeitsplatz harmonisieren? **Ja, wird sie.** Und weißt du auch, warum? Weil sich alles in dir verändert, wenn du

diese Glaubenssätze veränderst. Schon in dem Moment, in dem du deine alten Glaubenssätze ins Gegenteil umdrehst, strahlst du eine ganz andere Energie aus. In dem gleichen Moment! Von der Einstellung »Ich habe einen wundervollen Partner« strahlt eine völlig andere Energie aus als von dem Glaubenssatz »Ich habe Pech in der Liebe«. Stimmt, nicht wahr?

Andere Frage: Wenn du denkst, du hättest Pech in der Liebe, was glaubst du, wird sich in deiner Realität zeigen? Wenn du denkst, deine Kollegen mobben dich ständig, was glaubst du, wird sich in deiner Realität zeigen? Richtig! Du weißt es längst!

Und nun zu dir. Lass uns deinen Knoten lösen! Geh mal in dich und stöbere durch deine Glaubenssätze. Sind Glaubenssätze darunter, die dich kleinhalten? Hast du einen entdeckt und entlarvt? Sehr gut, dann drehst du diesen jetzt ins Gegenteil um.

Beispiel 1: »Ich gerate immer an die falschen Menschen.«
Gegenteil: »Ich treffe immer die genau richtigen Menschen.«
Unsere Frage ist nun: Wirst du durch das Umstellen des Glaubenssatzes nun plötzlich die richtigen Menschen treffen? Probieren wir es aus:

Liebes Universum,

ich treffe auf die richtigen Menschen.
Endlich. Ich freue mich sehr.

Danke.

Und los geht's …

Auftragstag: ______________________________

Erfolgte Erfüllung: __________________________

____

____

Beispiel 2: Glaubenssatz deines alten Ichs: »Ich finde keine passende Wohnung.«
Gegenteil: Glaubenssatz deines neuen Ichs: »Ich lebe in meiner Traumwohnung.«
Unsere Frage ist nun: Wirst du nur durch das Umstellen des Glaubenssatzes jetzt eine passende Wohnung finden? Probiere es aus:

Hallo Universum,

ich habe die perfekte Wohnung gefunden.
Das ist wunderbar.

Danke, liebes Universum.

Auftragstag: ______________________________

Wohnung gefunden: ___________________________

So, jetzt bist du dran:

Ich ...
Gegenteil ...

Frage: Wirst du durch das Umstellen ins Gegenteil ... (das Gegenteil) in dein Leben ziehen?

Liebes Universum,

...

Ich freue mich sehr.

Danke.

Versuche es. Es wird funktionieren!

Der Gegenteilauftrag:

Erfolgte Erfüllung: 100 %

Danke, liebes Universum.

SCHNELL - SCHNELLER - SOPHIE: EIN KOSMISCHER DAMMBRUCH

Sophie hat ganze Arbeit geleistet! Sophie hat bestellt, und innerhalb eines Monats hat sie den Mann ihres Lebens kennengelernt (sie sind inzwischen glücklich verheiratet), ihre Traum-Penthousewohnung in der Stadt gefunden und ihren Traumjob angenommen.

Was war denn da los?

In den Jahren zuvor hatte Sophie alles Mögliche versucht, um auch nur eines ihrer Ziele zu erreichen. Sie hat alle möglichen Bücher gelesen, versucht zu meditieren, sich die Karten legen lassen und, und, und. Aber irgendwie schien die Lage verzwickt zu sein. Sie hatte das Gefühl, als ziehe sich der Knoten immer enger zusammen. Doch plötzlich war es so, als sei der Knoten geplatzt!

Und du kennst ja bestimmt **das Gesetz der Serie** – wenn eine Sache klappt, dann klappen gleich noch viele andere. Aber, das Gesetz der Serie wirkt auch in der anderen Richtung: Wenn eine Sache schiefgeht, dann kannst du ja fast sicher sein, dass noch weitere Dinge schiefgehen. Wer hat das noch nicht erlebt? Wer kann davon kein Lied singen?

Aber zurück zu Sophie. Erst hat sich jahrelang nichts bei Sophie bewegt, und dann plötzlich Partner, Wohnung und Job. Was ist passiert? Woran lag das?
Da hat das Universum ganze Arbeit geleistet. Das war wie ein kosmischer Dammbruch. Ein Durchbruch? Wo durch denn? Ein Durchbruch durch deine eigene Mauer!

Stell dir vor, du hättest eine Schutzmauer um dich herum gebaut. Dieser Schutzwall besteht aus deinen eigenen alten Glaubenssätzen und Denkgewohnheiten. Diese Mauer steht zwischen dir und der Lieferung des Universums. Genau das war auch die Ausgangssituation bei Sophie.

Doch dann Ende des Jahres, kurz vor Silvester, beschloss Sophie, ihre Wünsche genau aufzuschreiben. Sie setzte ein Wunschschreiben ans Universum auf und überwand mit diesem Wunschbrief ihre eigene Mauer. In diesem Brief beschrieb sie dem Universum, dass sie ihren Traummann treffen möchte. Sie beschrieb sehr genau, wie dieser sein sollte und welche Eigenschaften er haben sollte. In diesem Brief bestellte sie auch ihre Traumwohnung. Auch diese beschrieb sie wieder sehr genau. Und last but not least orderte sie ihre neue Arbeitsstelle. Und dann warf sie diesen Brief in den Rhein mit den Worten: »Danke für die Wunscherfüllung, liebes Universum.« – Irgendwie ahnte sie schon etwas ... Und dann ging sie feiern. Sie feierte und feierte.

Kaum hatte das neue Jahr begonnen, es war nicht einmal Mitte Januar, begegnete sie durch einen »Zufall« ihrem Traummann. Wunderbar, wie das Universum arbeitet: Sophie sollte an diesem Tag eigentlich an einem Seminar teilnehmen. Aber aus irgendeinem Grund (wir wissen jetzt, dass das Universum seine Finger im Spiel hatte) hatte Sophie sich die Uhrzeit falsch notiert, und als sie dies bemerkte, lohnte es sich nicht mehr, zu dem Seminar zu fahren. Also beschloss sie kurzerhand, stattdessen ins Fitnessstudio zu gehen. Dort schloss sie ihre Sachen in einem Spind ein, wobei leider das Schloss kaputtging. Jemand musste kommen, um zu helfen – und dieser Jemand wurde »zufällig« von seinem Freund Max begleitet, den er wiederum »zufällig« an diesem Tag nach langer Zeit wiedergetroffen hatte. Sophie und dieser Freund sind inzwischen verheiratet! ☺

Schau dir mal die Wege des Universums an, was es alles bewegt hat.

Bei Sophie:

Das Universum hat dafür gesorgt, dass sie das Seminar verpasst hat.

Das Universum hat dafür gesorgt, dass sie spontan Lust hatte, ins Fitnessstudio zu gehen.

Das Universum hat dafür gesorgt, das dann auch noch das Schloss an ihrem Spind kaputtging.

Bei Max:

> Das Universum hat dafür gesorgt, dass eine Vorlesung ausgefallen war und Max spontan in die Stadt ging.
>
> Das Universum hat dafür gesorgt, dass er dort seinen Freund getroffen hat, den er lange nicht mehr gesehen hatte.
>
> Das Universum hat dafür gesorgt, dass er seinen Freund ins Fitnessstudio begleitet hat.

Und zum krönenden Abschluss hat das Universum dafür gesorgt, dass Sophie und Max gleichzeitig zur gleichen Zeit am gleichen Ort waren. Dazu kann man doch nur sagen: Danke, Universum!

Übrigens: Hätte Sophie sich festgelegt und bestellt, dass sie unbedingt einen bestimmten Menschen treffen wolle (zuerst wollte sie nämlich beim Universum bestellen, dass sie und Peter, den sie ganz nett fand, zusammenkommen würden), dann hätte sie dieser tollen und besseren Möglichkeit die Tür verschlossen. Denk daran: Das Universum weiß es besser! Verschließe nie die Tür zum Universum.

Never close the door to the universe!

Wunscherfüllungsbeschleuniger

Wir gehen ins Kino – in dein Kopfkino

Schau dir mal dein Kopfkino näher an. In welchem Film spielst du die Hauptrolle? Schau dir den Film, der in deinem Kopf von morgens bis abends in der Dauerschleife läuft, genauer an. Was ist das für ein Film? Ist es ein lustiger Film oder ein trauriger? Ist es ein Film voller Chaos und Kämpfen? Oder handelt es sich um eine Romanze? Was erzählt dir dein Film: Erzählt er von der Erfüllung deiner Träume? Konzentrierst du dich auf die Erfüllung deiner Träume, oder machst du dir, ehrlich gesagt, ständig Sorgen über irgendetwas? Läuft in deinem Kopf der »Sorgenfilm«? Erinnerung des Universums: Sei vorsichtig mit dem Sorgenmachen. Sonst ziehst du diese Sorgen noch stärker an.

Beende den »Ich-mach-mir-Sorgen-Film« und stell dir in deinem neuen Film stattdessen vor, wie dein Traumleben aussieht. Der Titel deines neuen Films heißt: Mein Traumleben. Ich bin der glücklichste Mensch der Welt. Und jetzt lass diesen wunderschönen Film ständig in deinem Kopfkino laufen. **Und irgendwann wirst du staunen, dass es genauso gekommen ist!** Du lebst tatsächlich dein Traumleben!

Beobachte auch, was sich hinter den Kulissen deines Films alles abspielt. Beobachte die verschiedenen Stimmen in deinem Kopf. Was reden die? Welche Stimme ist lauter? Die aufbauende, motivierende Stimme oder die andere, die dich durcheinanderbringt, (»Das klappt sowieso nicht!«), die dich runterzieht (»Du musst unbedingt abnehmen!«) oder dein Denken auf unwichtige Dinge lenkt (»Guck mal, was die Nachbarin heute für ein unmögliches Outfit trägt!«)?
Denk daran: Diese Stimmen bestimmen dein Denken! Und dein Denken wirkt magnetisch. Höre immer mal wieder nach! Beobachte deinen inneren Dialog. Ständig.

Du weißt ja, dass sich dein altes Ich mit seiner Stimme immer wieder gerne in den Vordergrund zu drängen versucht. Also Vorsicht! Dein neues Ich öffnet mit seiner positiven, aufbauenden Stimme die Tür zum Universum. Die gute Stimme sagt zu dir: »Du schaffst das locker. Keiner kann das so gut wie du. Du wirst das wunderbar machen. Du bist talentiert. Du siehst heute aber gut aus.« Solche liebevollen Dinge sagt dir die gute Stimme.

Doch selbst, wenn du es schaffst, Ordnung in das Stimmenchaos zu bringen, heißt das nicht, dass diese neue Ordnung von Dauer ist. Die inneren Stimmen können sein wie eine wilde Affenbande. Kaum zu bändigen springen sie über Tische und Bänke. Wir zügeln diese wilden inneren Stimmen jetzt und fokussieren sie auf unser Traumleben.

Du schaffst das! ☺

Die gute Stimme öffnet dir die Tür zum Universum! (Die nervige Stimme wirft sie wieder zu.)

Geschichten, die das Universum schreibt

Hättest du das für möglich gehalten? Tamara berichtet von einer wunderbaren Geschichte: »Ich lag in der Badewanne und war herrlich entspannt. Plötzlich hatte ich Lust auf ein Spiel: Ich wollte das Universum herausfordern. Das mache ich ab und zu mal. Ich weiß auch nicht, warum, aber irgendwie möchte ich dann einen Beweis dafür haben, dass ich behütet werde und nicht alleine bin.
Ich habe also laut gesagt: ›Wenn das alles wahr ist, liebes Universum, dann soll jetzt im Badezimmer das Licht ausgehen.‹ Und, du glaubst es nicht! Es hat keine 5 Minuten gedauert, und das Licht ging kurz aus und wieder an. Danach hatte ich eine Gänsehaut, aber ich war auch rundum glücklich.«

Ja, genau so kann es funktionieren. Die Kommunikation mit dem Universum ist auf viele Weisen möglich. – Und, meine liebe Tamara, wie haben deine Freunde reagiert, als du ihnen von deinem Erlebnis erzähltest? Hat einer deiner Freunde eingewendet, dass es sich in diesem Fall

sicherlich um einen Wackelkontakt in der Lampe gehandelt hat? (Das hatte sie mir nämlich auch noch erzählt.) Typisch, »nicht wahr«! Diese ewigen Zweifler und Erklärer – lass sie denken, was sie wollen. Viele unserer menschlichen Kollegen verstehen einfach nicht, dass es mehr gibt als diese Erde. Was überrascht sie eigentlich daran? Der Planet Erde und wir werden von etwas beeinflusst, nein gesteuert, das viel größer ist als wir. Wir – die Erde mit uns – fliegen mit 10.7000 km/h auf der Bahn um die Sonne. Wir sind Teil des Universums, wir gehören dazu! Und Tamaras Freund redet von einem Wackelkontakt in der Lampe! ☺

Hier noch eine kleine Geschichte, um uns die Augen zu öffnen für die Tatsache, dass unsere bekannte Welt eben nur unsere kleine bekannte Welt ist ...

Zeit ist relativ.
Oder: Das Universum macht jung

Es waren einmal Zwillinge. Einer der beiden Zwillinge fliegt für 6 Monate mit einer Rakete mit 99,9 % Lichtgeschwindigkeit durchs Weltall. 6 Monate lang! Der andere Zwilling bleibt derweil auf der Erde und wartet hier auf die Rückkehr seines Zwillingsbruders.

Endlich kommt der Tag der Rückkehr. Der Raketen-Zwilling war 6 Monate unterwegs – **6** Weltraummonate. Und jetzt kommt's: Während dieser 6 Monate sind auf der Erde bereits **50 Jahre** vergangen. Wenn also der Zwilling aus dem All nach 6 Monaten auf die Erde zurückkehrt, sind auf der Erde 50 Jahre vergangen. Der Zwilling, der auf der Erde geblieben ist, ist jetzt alt. Seine Kinder sind erwachsen und haben selbst schon wieder Kinder. Der eine Zwilling ist ein Großvater und der andere Zwilling ist ein junger Mann. Der Zwilling, der 6 Monate im All unterwegs war, ist während dieser Zeit nur um 6 Monate gealtert. Der Arme findet sich auf der Erde nicht mehr zurecht. Alle seine Freunde sind inzwischen auch alt.

Du glaubst das nicht? Ist aber so. Die Zeit vergeht im All anders als auf der Erde. Merkst du, wie wenig wir wissen? Wie wenig wir wissen über unser eigenes Umfeld, unser Universum? Was aber niemand bestreiten kann, ist, dass wir in diesem universalen Energiestrom leben. Nicht mal Tamaras Freund aus dem vorigen Kapitel kann das bestreiten. Und alleine dieser Energiestrom ist gigantisch. Ein Energiestrom der Wunder – und du mittendrin.

Hallo Universum, wir testen dich.

Test 2:

»Schön, dich mal wiederzusehen!« – Wir bestellen ein Treffen

In diesem zweiten Experiment werden wir etwas mutiger. Langsam können wir konkreter werden und auch Situationen und Ereignisse bestellen, die etwas mit unserem/deinem Leben zu tun haben. Ich schlage vor, wir schicken dem Universum folgenden Auftrag:

Du willst ein Treffen mit jemandem, den du schon lange nicht mehr gesehen hast.
Und wir bestellen einen Elefanten.

Wir bestellen zuerst einmal ein »zufälliges« Treffen mit jemandem, den du länger nicht gesehen hast. Wahrscheinlich

fällt dir jetzt sofort eine bestimmte Person ein, nicht wahr? Soll es aber doch nicht! Das ist wichtig: Leg dich jetzt nicht auf eine bestimmte Person fest! Du weißt, warum.
Das Ziel der Experimente ist es ja, die Arbeitsweise des Universums besser kennenzulernen. Wenn du nun das Treffen mit einer bestimmten Person in deinem Kopf hast, beschränkst du die vielen anderen Möglichkeiten des Universums. Du weißt ja, die Wege des Universums sind spannend. Also, lass dich überraschen, wen du treffen wirst!

Den Elefanten bestellen wir übrigens nur als Sahnehäubchen dazu. Ein bisschen Spaß muss sein. ☺

Bist du bereit? Dann sage dem Universum jetzt:

Hallo Universum,

1. Ich sehe einen Elefanten.
2. Ich treffe eine Person, die ich schon länger nicht getroffen habe.

Bis morgen, gleiche Zeit.

Danke, liebes Universum.

Und los geht's ...

Übrigens: Du musst dafür nicht einmal das Haus verlassen. Manchmal klingelt das Universum einfach an deiner Tür.

Das hat Emma erlebt: »Eine ehemalige Nachbarin, die vor einigen Jahren in eine andere Stadt gezogen ist,

stand auf einmal vor meiner Tür. Sie war für ein paar Tage bei Freunden zu Besuch und wollte mir einfach nur kurz hallo sagen. Wahnsinn, wie das funktioniert hat. Einen Elefanten habe ich übrigens am gleichen Abend im Fernsehen gesehen. ☺«

Auftragsdatum: ______________________________

Erfolgte Erfüllung:

Elefant: Wann und wo

____

____

Treffen: Wer Wann Wo

____

____

Erfolgte Erfüllung: 100%

Sollte es innerhalb der 24 Stunden nicht auf Anhieb mit der Erfüllung klappen, dann verlängere einfach: »Dieses Mal hast du zwei Tage Zeit, liebes Universum.« Sind ja schließlich auch zwei Bestellungen. ☺

Alles erhalten!

Danke, Universum.

So öffnest du die Tür zum Universum

Deine Bestellung, dein Auftrag ans Universum und deine Gedanken und Einstellungen über diese Bestellung, also das, was du darüber denkst, sollten sich nach Möglichkeit nicht widersprechen. Eventuell musst du die Gegenteil-Methode anwenden. Kommen wir daher noch einmal auf unsere Glaubenssätze zu sprechen. Die Glaubenssätze, die wir bereits versucht haben, ins Gegenteil zu verkehren. Aber wir reden hier über Glaubenssätze. Jahrelang verinnerlichte Glaubenssätze. Diese wohnen quasi in deinem Gehirn. Die wird man nicht so einfach und von jetzt auf gleich los.

Du hast vielleicht schon bemerkt: Die Sache mit dem Gegenteil hört sich leichter an, als sie ist. Natürlich kannst du jeden Satz einfach ins Gegenteil umkehren. Aber dein altes Ich mit seinen alten Glaubenssätzen schleicht sich immer wieder heran. Deshalb versuche ich im Laufe eines Tages immer, kurz zu reflektieren: »Habe ich heute bis jetzt nach meinem alten Ich und nach meinen alten Glaubenssätzen gelebt oder erfreulicherweise nach den Glaubenssätzen meines neuen Ichs? Nach denen des neuen Ichs, das neugierig ist und alles für möglich hält?« – Fast immer erwische ich auch einen Teil meines alten Ichs. Zum Glück aber wird das neue Ich langsam, aber sicher selbstsicherer und dominanter.

Also, die Voraussetzung für eine möglichst schnelle Lieferung des Universums ist: Deine Bestellung und dein Glaubenssatz dazu müssen unbedingt zueinanderpassen!

Du musst es in deinem Kopf für möglich halten, dass du deine Bestellung auch erhältst.

Verstehst du, wie wichtig das ist?

Beispiel:
Du bittest das Universum um Folgendes:

> Liebes Universum,
>
> ich habe eine passende tolle Wohnung gefunden.
> Ich freue mich sehr.
>
> Danke.

Der Auftrag ist abgeschickt.
Und jetzt Vorsicht: Wenn du jetzt aber gleichzeitig wieder in deine alten Denkstrukturen zurückfällst (»Ich finde ja sowieso keine passende Wohnung. Der Wohnungsmarkt ist leer gefegt. Bei den vielen Bewerbern habe ich keine Chance.«) – was passiert dann? Genau! Du hast es!

Dein Auftrag lautet: Eine passende tolle Wohnung.
Dein Glaubenssatz lautet: »Ich finde sowieso keine Wohnung.«

Wie soll das arme Universum dann wissen, was es machen soll?

Willst du jetzt eine Wohnung? Oder willst du doch keine Wohnung?

Mit deinem Auftrag beim Universum öffnest du die Türen zum Universum. Doch dann schlägst du diese schon geöffnete Tür mit deinem alten Glaubenssatz wieder zu. Peng. Wieder geschlossen.

Also: Versuche, das Universum nicht so durcheinanderzubringen.

Stell dir folgende Situation vor: Du besuchst ein Restaurant. Du bestellst Spaghetti mit Trüffeln, die wolltest du immer schon mal probieren. Der Kellner nimmt deine Bestellung auf und geht Richtung Küche. Da überlegst du es dir schnell wieder anders und beschließt, dass du doch lieber nur ein Stück trockenes Brot haben möchtest, wie immer. Du änderst noch schnell die Bestellung.
Was bekommst du jetzt?

Wenn du mal etwas anderes bekommen möchtest als »trockenes Brot«, dann bestell das andere und sei sicher, dass es auch serviert wird.

Also, klare Bestellung bitte.

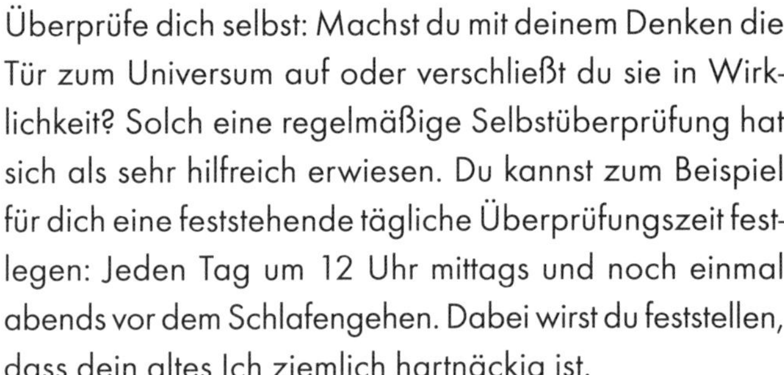

Überprüfe dich selbst: Machst du mit deinem Denken die Tür zum Universum auf oder verschließt du sie in Wirklichkeit? Solch eine regelmäßige Selbstüberprüfung hat sich als sehr hilfreich erwiesen. Du kannst zum Beispiel für dich eine feststehende tägliche Überprüfungszeit festlegen: Jeden Tag um 12 Uhr mittags und noch einmal abends vor dem Schlafengehen. Dabei wirst du feststellen, dass dein altes Ich ziemlich hartnäckig ist.

Das hat Annika bestätigt: »Ich habe beim Universum einen neuen, besseren Job bestellt. Ich habe eine sehr gute Ausbildung und wollte mich verbessern. Also habe ich dies bestellt. Es tat sich zuerst nicht viel, und dann habe ich mich dabei erwischt, wie ich mit Freunden zusammensaß und erzählt habe, wie unglaublich schwer es heutzutage ist, einen guten Job zu finden. Ich habe erzählt, dass es wahrscheinlich viel besser geeignete Leute für diese Stellen gibt. Ich habe erzählt, dass es zu viele Bewerber für eine einzige Stelle gibt und so weiter. Da war es wieder, dieses alte Denken. Ich habe das dann, so gut es ging und sooft ich es gemerkt habe, korrigiert. Ich habe inzwischen eine bessere neue Stelle. Aber mein neues Ich denkt: ›Da geht mehr!‹ Mal sehen.«
Das klappt bestimmt. Viel Glück, Annika!

Kosmischer Humor

Sehr lustig, Universum.

Das Universum scheint übrigens durchaus einen Sinn für Humor zu haben – eine ganz spezielle Art von Humor. Sobald du mit dem Universum in Verbindung stehst, wirst du diesem kosmischen Humor früher oder später begegnen.

Helena zum Beispiel hat Folgendes erlebt: »Ich habe beim Universum 898 Euro angefordert. Mit diesem Geld wollte ich eine Woche nach Griechenland reisen. Ich bekam die 898 Euro auch prompt – aber ganz anders, als ich es erwartet hatte. Meine Mutter hat mir 898 Euro auf mein Konto überwiesen. Auf den Cent genau 898 Euro. Nur war dieses Geld leider nicht für mich bestimmt. Meine Mutter rief mich etwas später an und bat mich, das Geld abzuheben und einen Antikschrank damit anzuzahlen, den sie bei ihrem letzten Besuch in der Stadt gesehen hatte.«

Mann, Universum! So war das nicht gemeint! Trotzdem musste Helena sehr darüber lachen. Aber seitdem formuliert sie ihre Wünsche genauer. Sie hätte sich besser die Reise nach Griechenland bestellt und sich gleichzeitig vorgestellt, wie sie in einer Taverne am Meer sitzt, Ouzo schlürfend.

Das Wie-ich-ins-Universum-hineinrufe-so-schallt-es-hinaus-Prinzip: Anziehung »hoch 3«

Das bedeutet nichts anderes, als dieses: Du ziehst an, was du aussendest. Und das weißt du längst. Stand in jedem Buch, das du gelesen hast, stimmt's? Jedes Kind kennt diesen Satz: Wie du in den Wald hineinrufst, so schallt es heraus. Wir erweitern diesen Ausspruch jetzt: **Wie ich in das Universum hineinrufe, so schallt es hinaus!**

> Denkst du an Fülle, bekommst du keinen Mangel als Antwort.
>
> Denkst du an Fülle, bekommst du Fülle.
>
> Denkst du an Freude, bekommst du Freude.
>
> Denkst du an Angst, bekommst du Angst.
>
> Denkst du an einen Unfall, bekommst du einen Unfall.

Wir machen ein Zwischenexperiment: Zieht unser Denken tatsächlich das Entsprechende in unser Leben? Denn unsere Frage ist doch die: Wenn ich an Freude denke, wird dieses Denken Freude anziehen?
Mal sehen. Probieren wir es aus. Dann rufen wir jetzt mal ins Universum hinein:

Hallo, liebes Universum,

ich ziehe Freude an.
Freude, Freude, in den nächsten 24 Stunden.

Danke, mein liebes Universum.

Und los geht's ...

So, der Auftrag ist abgeschickt. Unterstütze nun das Universum, indem du deine Gedanken auf Freude richtest. Mit diesen Gedanken unterstützt du das Universum bei seiner Arbeit.

Auftrag + passende Gedanken = Anziehung[3]
Freude - Freude - Freude

Auftrag Freude: ________________________________

Also, Aufmerksamkeit auf Freude richten.
Achte in den nächsten Stunden verstärkt darauf, was das Universum alles unternimmt, um dir Freude zu bereiten. Und so schallt es aus dem Universum heraus:

Erfolgte Erfüllung: ________________________________

Danke, liebes Universum.

Danke für die Freude!

DIE HOLZHAMMER-METHODE: ALLES IST GUT

Die Holzhammer-Methode ist in Wirklichkeit eine Das-Universum-beschützt-dich-vor-irgendetwas-Methode. Denn die Holzhammer-Methode greift, wenn du nicht aufhörst, dir etwas Bestimmtes zu wünschen. Etwas, das im Moment nicht gut für dich ist. Das Problem an der Sache, aus menschlicher Sicht, ist Folgendes: Du weißt gar nicht, dass diese Sache nicht gut für dich ist. Du nimmst sogar genau das Gegenteil an. Du glaubst, diese Sache wäre besonders gut für dich.
Aber das Universum weiß mehr! Das Universum weiß, dass dieses von dir gewünschte Ergebnis bzw. dieses Ereignis eben nicht gut für dich wäre. Ganz und gar nicht gut. Doch leider würdest du das erst viel später bemerken. Das Universum weiß, dass das, was du dir wünschst, nicht vorteilhaft für dich ist.

Was soll das Universum jetzt tun?
Genau, das Universum macht einfach die Tür nicht auf!

Also, wenn etwas einfach nicht klappen will – dann sei nicht traurig, dann sei dankbar!

Dein altes Ich wird das natürlich nicht akzeptieren. Dein altes Ich wird jammern und sich beschweren. Ich kann es hören. Dein altes Ich wird sagen: »Bei mir klappt das

nicht mit dem Universum. Meine Wünsche werden nicht erfüllt. Ist sowieso Blödsinn, diese Sache mit dem Universum. Als ob das klappen könnte!«
Dein neues Ich weiß es zum Glück besser. Dein neues Ich sagt: »Danke, Universum. Ich vertraue dir mein Leben an und ich weiß, dass das geschieht, was für mich am besten ist. Danke, Universum, dass du mich beschützt, und danke, dass du mir den richtigen Weg zeigst.«

Paula ist Ärztin und wollte unbedingt eine Stelle beim Gesundheitsamt bekommen: »Ich habe mich mehrere Male beim Gesundheitsamt beworben, aber es wollte und wollte nicht klappen. Ich bekam jedes Mal wieder eine Absage. Ehrlich gesagt war ich am Boden zerstört. Ich dachte, die Stelle beim Gesundheitsamt wäre ideal für mich als Mutter von drei Kindern. Dort könnte ich Kinder und Beruf sehr gut unter einen Hut bekommen. Ich war wirklich sehr traurig und zweifelte an mir selbst. Zum Glück fand ich relativ schnell eine andere Stelle in einer niedergelassenen Praxis. Einige Jahre später erfuhr ich, wie dramatisch sich die Situation in den Gesundheitsämtern verschärft hatte. Es gab nun viele neue ansteckende Krankheiten, und die Arbeitsbedingungen wurden auch immer härter. Die Arbeit dort wurde von Tag zu Tag belastender für die Angestellten. Tja, da bin ich wohl beschützt worden.«

Ja, Paula. Das Universum hat dich beschützt.

Wenn du also eine Absage bekommst, wofür auch immer, dann lächele und sage danke. »**Danke, liebes Universum. Zeig mir einen besseren Weg.**«
Und hör auf, an dir zu zweifeln! Dein altes Ich wird dir zuflüstern oder wahrscheinlich sogar laut zurufen: »Du Versager. Du Versager hast es nicht bekommen. Das lag bestimmt an dir. Du hast es wieder mal vermasselt!« Schick es in die Wüste – dein altes Ich. Sag ihm, dass es keine Ahnung hat.

Theresa wollte unbedingt ein bestimmtes Fach an einer bestimmten Uni studieren: »Bevor ich an dieser Universität studieren konnte, musste ich einen Aufnahmetest dort machen. Ich bestand nicht. Ich war am Boden zerstört. Das war mein Traum gewesen. Ich wollte so gerne an dieser Uni studieren. Nach der Absage fühlte ich mich sehr schlecht. Ich fühlte mich wie ein Verlierer und Versager. Zum Glück fing ich mich wieder und studierte schließlich an einer anderen Uni im Ausland. Und was soll ich sagen: Durch dieses Studium bekam ich einige Jahre später meinen Traumjob.«

Alles ist gut! Es soll so sein! Auch wenn du noch nicht weißt, warum und wofür – nimm es so hin: das Gute und auch das scheinbar nicht so Gute. Das Universum macht die falsche Tür zu und die richtige Tür auf.

Vertraue auf diesen Satz: Egal, was passiert – es ist zu meinem Besten. Du weißt eben nur noch nicht, warum.

Vertrauen und durch die offenen Türen gehen! Das ist das Geheimnis.

Stell dir das doch mal bildlich vor: Das Universum geht vor dir her und du folgst ihm. Es öffnet dir die Türen. Die Türen, die gut für dich sind. Und es schließt die Türen, die nicht so gut für dich sind. Und manchmal muss es eben leider zur Holzhammer-Methode greifen. Aber eigentlich nur, weil du die Zeichen vorher nicht sehen wolltest.

Würdest du mit diesem Wissen jetzt noch heulen oder an dir zweifeln, wenn eine Tür verschlossen wäre? Würdest du immer wieder gegen diese verschlossene Türe hämmern und rufen: »Ich will da rein?« Nein, würdest du nicht.

Also immer entspannt bleiben und sicher sein, dass du geführt wirst. ☺

Was willst du, Universum?

Beharrlichkeit oder das Ende?

Manchmal wird man aus dem Universum nicht schlau. Was will es eigentlich von dir? Gerade in schwierigen Situationen herrscht oft Verwirrung. Auf der einen Seite sollst du nicht aufgeben und beharrlich sein. Auf der anderen Seite sollst du Dinge, die nicht klappen, loslassen.

Ja, was denn jetzt? Woher sollst du wissen, was wann richtig ist? Beharrlich bleiben oder aufhören? Das ist doch die Frage.

Gibt es im Moment einen Bereich in deinem Leben, bei dem du dir nicht sicher bist, ob du beharrlich bleiben sollst oder besser loslässt? Dann bitte das Universum jetzt um Zeichen!

> *Hallo Universum,*
>
> *gib mir ein Zeichen, welchen Weg ich gehen soll. Möglichst in den nächsten zwei Tagen.*
>
> *Danke, liebes Universum.*
>
> *Und los geht's ...*

Jetzt kannst du dich »ent-spannen«. Bald weißt du, was richtig ist.

Folgende Zeichen habe ich erhalten: ____________________

____

____

____

Übrigens: Das Universum gibt dir schon immer Zeichen. Manchmal lässt es regelrecht Zeichen regnen. Das Problem: Ihr sprecht noch nicht die gleiche Sprache. Aber genau das trainierst du ja gerade. Das Universum und du – bald versteht ihr euch blind. Und dann redet ihr endlich nicht mehr aneinander vorbei.

Brief ans Universum

Liebes Universum,

ich brauche deine Unterstützung.
Welchen Weg soll ich einschlagen?
Wie soll ich mich in dieser Angelegenheit (benennen) verhalten?

Danke, dass du mir eindeutige Zeichen schickst.

Datum: ______________________________

Unterschrift: __________________________

Zwischenspiel: Hallo Universum, lass uns spielen!

Wir legen noch eine Übungsspielrunde ein. Du weißt ja, Übung macht den Meister – den Manifestationsmeister! Die Zwischenspiele haben dabei nur einen einzigen Sinn: Sie sollen deine Sensibilität steigern und dich weiter mit der Arbeitsweise des Universums vertraut machen. In die-

ser Runde kannst du die Schwierigkeit etwas steigern und dir drei Dinge wünschen.

Hier zwei Spielvorschläge:

Spiel 1:

Du begegnest:

1. Einem Marienkäfer
2. Einem Lied aus deiner Kindheit
3. Der Zahl 777.

Bist du bereit?

Hallo liebes Universum,

ich begegne bzw. ich manifestiere:
einen Marienkäfer,
ein Lied aus meiner Kindheit und
die Zahl 777.

Zeige mir das alles, liebes Universum.
Du hast bis übermorgen Abend Zeit.

Danke.

Und los geht's ...

Spielbeginn: ____________________

Erfolgte Erfüllung: ____________________

Marienkäfer: ____________________

Lied aus meiner Kindheit: ______________________

Die Zahl 777: ______________________

Wenn dir zwei Tage zu kurz erscheinen, kannst du natürlich gerne wieder verlängern. Bedenke immer: Es gibt KEINE Regeln!

Spiel 2:

Du siehst:

1. einen Papagei
2. Pippi Langstrumpf
3. zwei Männer, die auf einer Bank sitzen und dich an die Szene aus der Muppet Show erinnern

Bist du bereit dazu?

Liebes Universum,

ich sehe bzw. ich manifestiere
einen Papagei,
Pippi Langstrumpf und
zwei Männer, die auf einer Bank sitzen und mich
an die Szene aus der Muppet Show erinnern.

Danke.

Und los geht's ...

Viel Spaß!

Spielbeginn: ______________________________

Erfolgte Erfüllung: 100 %

Gesehen: wann und wo:

Papagei: ______________________________

Pippi Langstrumpf: ______________________________

Zwei Männer auf einer Bank: ______________________________

Danke, liebes Universum!

Interessant: Ich habe, wie immer, natürlich auch diesen Test selbst ausprobiert bzw. mitgespielt. Und das war auch wieder sehr aufschlussreich. Ich habe die Bestellung aufgegeben und habe, ohne darüber nachzudenken, ein Kinderlied erwartet: Hänschen klein oder Summ, summ, summ, Bienchen summ herum oder etwas in dieser Art. Aber nein, ich habe ein Lied aus meiner Kindheit bekommen: das Lied Money, Money, Money von Abba. Es begegnete mir gleich dreimal. (Danke für deine Geduld, Universum!) Denn als ich es zum ersten Mal hörte, habe ich nicht geschaltet. Ich habe mitgesungen und hatte gute Laune. Als ich es innerhalb von drei Stunden wieder hörte, hab ich mich schon gewundert, aber es immer noch nicht verstanden. Beim dritten Mal fiel es mir dann wie Schuppen von den Augen: Ich hatte gerade eine Lieferung vom Universum gekommen: Es hat mir ein

Lied aus meiner Kindheit geliefert. Genau, wie ich es bestellt hatte. Sogar dreimal!
Ein Lied aus der Kindheit ist nicht unbedingt ein Kinderlied! Was lerne ich vielleicht endlich mal daraus?

Auf den genauen Wortlaut der Bestellung kommt es an! Die Botschaft ist: Ich und du, wir müssen uns klar ausdrücken. Je klarer, desto besser.

Übrigens: Marienkäfer und die Zahl sind mir gefühlt an jeder Ecke begegnet. Vielleicht war das zu leicht.

Ganz besonders amüsant war dagegen die Lieferung von den beiden Männern, die auf einer Bank sitzen und mich an die Szene aus der Muppet Show erinnern sollten. Bei dieser Bestellung war ich wirklich sehr gespannt. So viel vorweg: Nein, ich habe diese Szene nicht innerhalb von zwei Tagen gesehen. Aber in der 70. Stunde, da war es so weit. Habe ich ja schon zu Beginn erzählt: Ich war abends auf einer Veranstaltung und hatte den Auftrag längst vergessen. Ich schaue mich um und da sehe ich es: Zwei Männer sitzen auf einer Bank (es gab dort nur drei Bänke!) und erinnern mich woran? Ja genau, sie erinnern mich total an die Szene aus der Muppet Show. ☺

Luisa schreibt dies: »Keine zwei Stunden nach meinem Auftrag ans Universum bin ich zu meiner Freundin nach Hause gefahren. Dort saßen ihre Kinder mit zwei Freundinnen und arbeiteten an einem großen Tierpuzzle mit 1000 Teilen. In der Mitte des Puzzles gab es einen Ast und auf dem saß – ja, ein großer bunter Papagei! Und eine der beiden Freundinnen hatte rote Harre, die zu zwei wilden Zöpfen zusammengebunden waren, dazu jede Menge Sommersprossen im Gesicht. Sie sah aus wie Pippi Langstrumpf – fehlte nur der Affe, Herr Nilson, auf der Schulter. ☺ Zwei Fliegen mit einer Klappe. Das gilt doch, oder?«

Ja, klar, gilt das. ☺

1. DIE GRÜBELFALLE

VORSICHT: SO VERSCHLIEẞT DU DIE TÜR ZUM UNIVERSUM

80 Prozent der Menschen, denen du heute begegnest, tappen in die Grübelfalle. Sie grübeln und grübeln und grübeln. Doch grübeln bringt nichts. Grübeln bedeutet »hirnen« – im Kreis denken. Im Kreis denken ohne Ausgang. Grübeln ist nicht lösungsorientiert, sondern kontraproduktiv. In der Zeit, in der du grübelst, wirst du die Wunder des Universums nicht sehen. Wie schade!

In der Grübelzeit verpasst du hundert Möglichkeiten des Universums, dich zu überraschen.
Dein altes Ich will grübeln.
Dein neues Ich will manifestieren.

Wir wollen nicht mehr grübeln – wir wollen manifestieren!

2. Die Zögerfalle

Warum zögerst du? Das Universum möchte liefern.

Soll ich oder soll ich nicht?
Soll ich mich bewerben oder soll ich lieber nicht?
Soll ich XY anrufen oder soll ich lieber nicht?
Soll ich in Urlaub fahren oder soll ich lieber nicht?
Soll ich ... oder soll ich lieber nicht?

Ja, du sollst!

Dein altes Ich will zögern und lieber noch einmal überlegen.
Dein neues Ich vertraut dem Universum und freut sich auf neue Gelegenheiten.
Wenn nicht jetzt, wann dann?

Achte auf die Zeichen!

Erntedankfest: Das Wir-ernten-was-wir-säen-Gesetz

Du erntest, was du säst. Auch das ist ja nichts Neues für dich. Hast du wahrscheinlich bereits hundert Mal gelesen. Und trotzdem – befolgst du es auch konsequent? Wetten dass nicht? Mir geht es jedenfalls so: Mein altes Ich versucht immer wieder, mich in die alten Denkgewohnheiten zu ziehen. Ich kann das gar nicht glauben – jetzt beschäftige ich mich seit mehr als 30 Jahren intensiv mit der ganzen Materie, und plötzlich erwische ich in meinem Gehirn den Satz »Das klappt bestimmt nicht«. Geht's noch?! Ich weiß doch ganz genau, dass ich ernte, was ich säe. Und wenn ich »nicht klappen« säe, dann werde ich »nicht klappen« ernten! So einfach ist das.

Jeder weiß doch theoretisch Folgendes: Wenn du Erdbeeren ernten willst, musst du Erdbeeren säen. Du wirst keine Erdbeeren ernten, wenn du Bananen säst. Wenn du Äpfel ernten willst, musst du Äpfel säen. Du wirst keine Äpfel ernten, wenn du Kartoffeln säst. Das ist doch eigentlich ziemlich simpel. Logischer geht's nicht. Warum fällt es dir und mir aber immer noch so schwer, dieses Gesetz konsequent anzuwenden?

Josephine zum Beispiel erzählt Folgendes: »Ich beschäftige mich seit Jahren intensiv mit dem positiven Denken. Und trotzdem kommen mir immer wieder alte negative Sätze in den Kopf. Meine Mutter hat immer zu mir gesagt: ›Das schaffst du nicht. Das ist eine Nummer zu groß für dich.‹ Kann es sein, dass es daran liegt, dass ich die Geister der Vergangenheit nicht loswerde?«

Ja, Josephine, das kann sein. Aber das spielt keine Rolle. Natürlich machen Eltern Fehler. Alle Eltern machen Fehler. Aber ein Rumwühlen in der Vergangenheit und anderen die Schuld für etwas zu geben, das ist nicht konstruktiv und bringt dir nichts. Dein altes Ich beschäftigt sich gerne mit Schuld. Aber irgendwann ist jeder für sich selbst verantwortlich. Ab einem gewissen Punkt sind wir selber dafür verantwortlich, was wir denken.

Dein altes Ich bleibt gerne in der Vergangenheit hängen und sucht Schuldige.
Dein neues Ich will die Zukunft gestalten.

Zäumen wir unser Pferd einmal von hinten auf bzw. denken wir die Sache vom Ende aus: Beschäftigen wir uns zuerst einmal nicht mit der Saat, sondern mit der Ernte. Denn, wenn du weißt, was du ernten möchtest, weißt du auch, was du säen musst.

**Die Frage aller Fragen ist doch diese:
Was möchtest du eigentlich ernten?**

GEDANKENSPIEL:

Schließe deine Augen, atme tief ein und aus. Frage dich, was genau du ernten möchtest. Wie soll deine Ernte aussehen?
Was ist dir als Erstes in den Kopf gekommen? Eine neue Wohnung, eine Reise, Partnerschaft, Haus, Kinder, Auto, Job, Freunde ...

So, und nun überlege mal, welche Saat zu deiner gewünschten Ernte passt?
Und nun passe deine Gedanken, Gefühle, Handlungen an deinen Erntewunsch an. Deine Saat sind deine Gedanken, deine Gefühle und auch deine Taten.

Also, **welche Saat musst du säen, um die von dir erwünschte Ernte einzufahren?**
Erstelle eine Liste davon.

Hier ein Beispiel: Ariane wünscht sich Erfolg:

Arianes neue Ernte (das wünscht sie sich): Erfolg

Was muss sie dafür säen? Aufbauende Gedanken, den Erfolg denken und fühlen. Sie muss sich vorstellen, wie sie sich fühlen wird, was sie fühlen wird, wenn es wahr ist. Sie muss hören, wie die Leute ihr gratulieren ...

Ihr neues Ich wird ihr sagen: »Du kannst alles erreichen, was du dir wünschst. Dafür bist du auf dieser Welt. Ariane, du und das Universum – zusammen habt ihr Zauberkraft.«

So, und jetzt schau dir mal an, wie ihre bisherige Ernte aussieht und was sie bisher gesät hat (vielleicht sogar teilweise unbewusst?):

Arianes bisherige Ernte: mittelmäßige Erfolge und immer wieder Misserfolge

Arianes bisherige Saat: demotivierende Gedanken: »Wahrscheinlich klappt es sowieso nicht. Die Zeiten sind sehr schwierig.« Angstgefühle: Angst zu scheitern, Angst, nicht gut genug zu sein, usw.

Arianes altes Ich: »Das schaffst du nicht. Pass auf, die Konkurrenz ist viel zu groß. Suche dir lieber einen sicheren Job.«

Deine Saat muss zu deinem Erntewunsch passen – sonst kann auch das Universum nichts tun!

Wenn du die richtige Saat aussäst, wird dir das Universum dabei helfen, eine wunderbare und reichhaltige Ernte einzufahren.

Unterstütze das Universum bei seiner Arbeit, indem du die entsprechenden Gedanken denkst. Du und das

Universum, wenn ihr zusammenarbeitet, wird die Ernte doppelt reichhaltig sein.

Nimm dein altes Ich mal kurz in die Arme. »Mein liebes altes Ich, du kannst ja nichts dafür. Du wusstest es nicht besser.«

Weil es die Basis für die Zusammenarbeit mit dem Universum ist, jetzt noch einmal: Fokussiere dich immer wieder auf die Qualität deiner Gedanken. Gedanken sind Energie. Sie klinken sich in die Energieströme des Universums ein und ziehen ihrer Qualität Entsprechendes an. Energie verpufft nicht einfach. Energie zieht immer aus, um etwas Entsprechendes anzuziehen.

Gedanken ziehen aus, um im universellen Energiestrom etwas Passendes anzuziehen.

Gute Gedanken werden gute Dinge aktivieren.
Negative Gedanken, werden negative Dinge in Gang setzen. Aber negative Gedanken, in welcher Form auch immer, vermasseln dir deine Zukunft. Bedenke das stets. Ersetze deshalb jeden negativen Gedanken sofort durch einen positiven. Möglichst wirklich sofort!

Und denke daran: Vom Lesen alleine wird sich nichts verändern. Absolut nichts! Wir alle müssen es auch wirklich tun!

Ersetze also tatsächlich jeden negativen Gedanken, der sich einschleicht, sofort durch einen positiven.
Sobald sich ein Gedanke einschleicht wie »Das schaffe ich nicht«, ersetzt du ihn durch »Das gelingt mir leicht und mühelos.«
Sobald sich ein Gedanke einschleicht wie: »Ich bin zu dick, zu alt, zu …«, ersetzt du ihn mit »Ich bin wunderbar, so wie ich bin.«
Sobald du denkst: »Ich habe nicht genug Geld«, setzt du dagegen: »Das Universum sorgt für mich, immer und überall.«

Gute Gedanken sind Türöffner!

Du bist wunderbar – genauso, wie du jetzt gerade bist!

Und wieder hast du die Tür zum Universum ein Stück weiter geöffnet.

Hallo Universum, wir testen dich.

Test 3: Kosmische Zeichensprache

Die Kommunikation mit dem Universum kann sehr amüsant sein und funktioniert hervorragend mit Hilfe der »Zeichensprache«. Egal, ob es sich dabei um Federn, Lieder, Zitate, Autolichter oder was auch immer handelt – es gibt viele Zeichen. Meine Lieblingszeichen sind Regenbögen und bestimmte Songs im Radio, z. B. Sing Hallelujah oder It's Time for an Angel.

Hast du auch schon Zeichen mit dem Universum vereinbart?

Madeleines Zeichen zum Beispiel sind Federn: »Jedes Mal, wenn ich eine weiße Feder sehe, habe ich das Gefühl, das Universum hat sie für mich dort hingelegt. Neulich lagen viele weiße Federn vor meiner Haustür. Und ich habe mich unendlich gefreut, bis meine unsensible Nachbarin sagte: ›Na, da war wohl eine Katze am Werk.‹ Und wenn schon – trotzdem waren die Federn ein Zeichen für mich.«

Christinas Zeichen sind Autolichter, genauer gesagt nicht funktionierende Autolichter: »Jedes Mal, wenn ich ein Auto mit nur einem funktionierenden Scheinwerferlicht sehe, ist das für mich ein Zeichen vom Universum. Wenn ich im Auto sitze, spiele ich oft das Zeichenspiel und rufe ins Universum: ›Liebes Universum, wenn ich das und das machen soll, dann schick mir jetzt ein Zeichen!‹ Und wenn ich dann in den Rückspiegel schaue und hinter mir fährt ein Auto mit nur einem Licht oder mir kommt so ein Auto entgegen, dann weiß ich: Alles ist gut, alles ist richtig.«

Antonias Zeichen ist ein besonders Lied: »Mein Zeichen ist ein bestimmtes Lied. Jedes Mal, wenn ich dieses Lied höre, dann bekomme ich eine Gänsehaut und fühle mich unendlich mit dem Universum verbunden. Dieses Lied höre ich manchmal an den seltsamsten Orten. Das ist irgendwie magisch.«

Sandy schwört auf einmalige Klingelzeichen: »Ich fordere das Universum manchmal auf, mir ein Zeichen zu schicken, wenn ich eine schnelle Antwort haben möchte. Dann rufe ich: ›Universum, wenn ..., dann schick mir jetzt ein Zeichen. Dann lass das Telefon einmal klingeln.‹ (Es darf aber nur einmal klingeln, höchstens zweimal.) Manchmal

klappt es, aber leider nicht immer. Ich übe noch. Aber es macht total viel Spaß.«

Susi schwört auf Schmetterlinge: Jedes Mal, wenn sie einen Schmetterling sieht, ist das für sie ein Zeichen.

Du siehst, Zeichen sind ganz individuell. Vereinbare du auch deine ganz persönlichen Zeichen mit dem Universum. – Wenn du noch keine eigenen Zeichen hast bzw. erkennst, dann gehen wir jetzt auf Zeichenfang:

> *Hallo liebes Universum,*
>
> *schicke mir Zeichen, die ich sofort als solche erkenne.*
> *Heute den ganzen Tag.*
>
> *Ich freue mich.*
>
> *Danke.*

Solltest du bereits bestimmte Zeichen haben, kannst du das Spiel trotzdem mitspielen. Dann gehe heute einfach nur so aus Freude auf Zeichenfang. Normalerweise forderst du vom Universum ein Zeichen, damit das Universum dir den Weg zeigt – damit du weißt, was du tun sollst. Dieses Mal kannst du einfach nur so, ohne Zweck, Zeichen bestellen.

Also, ich bestelle:

eine Feder,

das Lied Sing Hallelujah,

ein Auto mit nur einem funktionierenden Licht

und ein neues Zeichen, das ich sofort als solches erkenne.

Machst du mit?

Und los geht's mit dem Zeichenfangen. Viel Spaß!

Liebes Universum, ich fordere dich heraus!

Die Sache mit der roten Kuh

Darf's ein bisschen mehr sein? Du kannst auch lustige Dinge beim Universum bestellen. Einfach nur, um das Aufmerksamsein und Manifestieren zu trainieren. Frei nach dem Motto: Es gibt nichts, was es nicht gibt. Das macht richtig Spaß. Da fällt mir gerade eine rote Kuh ein ...

Aber, bevor ich mich zu weit aus dem Fenster lehne, teste ich diesen Auftrag erst einmal selbst. Was meinst du? Werde ich eine rote Kuh sehen, wenn ich mir diese jetzt beim Universum bestelle? Top, die Wette gilt!

Hallo Universum,

ich sehe eine rote Kuh.

Danke dafür, liebes Universum

Und los geht's …

Kuh-Bestellung: 4.2.

Erfolgte Erfüllung: wann und wo

5.2. - Keine rote Kuh entdeckt.

Warum nicht, Universum???

Mach etwas. Was sollen denn die anderen denken?

Na gut, dann verlängere ich noch mal. ☺

Deine Nabelschnur zum Universum: Tiefes Atmen

Das richtige Atmen ist ein Türöffner zum Universum. Mehr noch, dein Atmen ist die unsichtbare Nabelschnur mit dem Universum. Durch tiefes Atmen verbindest du dich mit deiner Lebensquelle. Du verbindest dich direkt mit dem Universum. Du kennst das vielleicht schon vom Yoga oder vom Meditieren. Viele weise und spirituelle Menschen weisen auf das richtige Atmen hin und raten:

> Achte auf dein Atmen. Dein Atmen bestimmt die Qualität deines Lebens.
>
> Flaches Atmen = flaches Leben.
>
> Tiefes Atmen= tiefes Leben.

Das tiefe – ganz tiiiieefe – Atmen verbindet dich mit der grenzenlosen Energie des Universums. Das kann man erklären, bringt aber nichts – du musst es erfahren und spüren!

Wie atmest du? Achte mal darauf. Du wirst erstaunt sein. Du atmest bestimmt so, wie ich es auch tue, wie wir fast alle atmen: flach und unbewusst. Das Atmen an sich geschieht automatisch. Ist auch gut so, das bedeutet, wir haben keine Lungenprobleme. Doch einige Male am Tag solltest du dir die Zeit nehmen, bewusst zu atmen. Du solltest dir die Zeit nehmen, ganz tiiiiief ein und ganz tiiiief wieder auszuatmen.

Es gilt wieder: Lesen ist interessant. Aber: Wir müssen es auch wirklich tun! Und zwar JEDEN Tag! Und nicht morgen wieder vergessen.

ATMEN-ZWISCHENÜBUNG (DAUERT NUR 2 MINUTEN):

Atme tief durch die Nase ein, ganz tief, halte den Atem an und atme dann doppelt so lange durch den Mund wieder aus. Bitte 5-mal wiederholen.

Das ist wie ein kurzes Bad im Universum. Optimal ist, wenn du dir dabei noch vorstellst, wie du mit dem Universum verbunden bist.

Die andere Praktik wird häufig beim Yoga angewendet, vielleicht kennst du sie bereits: Halte dir mit der rechten Hand das linke Nasenloch zu und atme tiiiief durch das rechte Nasenloch ein. Halte den Atem an und atme dann durch das linke Nasenloch aus. 3-mal und dann andersherum. – Spürst du, wie neues Leben in dir geweckt wird?

Praktiziere die Übung, die dir mehr Freude macht, bei der du dich wohler fühlst.

Mir persönlich macht die erste Atmenübung mehr Freude. Das kann ich problemlos an jedem Ort praktizieren und anschließend fühle ich mich so kraftvoll wie Popeye, der gerade eine Dose Spinat gegessen hat. Kraftvoll und zugleich tiefenentspannt. – Probiere aus, was dir guttut, und dann praktiziere es. Möglichst oft.

Eine gute Idee ist ein sogenannter »Atmen-Anker«: Verbinde die Atmenübung mit einer alltäglichen Situation – dadurch wirst du immer wieder an diese Übung erinnert. Am hilfreichsten ist es, du legst eine bestimmte Zeit oder Situation fest. Du kannst die Übung machen, wenn es für dich am besten passt: morgens, bevor du in den Tag startest, kurz vor dem Mittagessen oder jedes Mal, wenn du dir einen Kaffee holst. Abends vor dem Schlafen oder ... Wichtig ist nur, dass du einen **Atmen-Anker, eine Erinnerungsstütze** hast.

Anker: Kaffee holen
Anker: Frühstück
Anker: Mantel anziehen
Anker: an der Ampel stehen
Anker: Mittagessen

... und: TIEF atmen.

Finde einen Anker, der perfekt in dein Leben passt. Deinen eigenen Atmen-Anker.

Das Wort Atmen

Weißt du eigentlich woher das Wort »atmen« stammt? Aus dem Sanskrit, der ältesten Sprache der Welt. Es stammt ab von Atman, was Lebenshauch bedeutet. Das in uns wirkende Göttliche. Interessant, oder? Ein deutsches Wort stammt aus der ältesten Sprache der Welt, dem indischen Sanskrit.

Zwischenspiel: Hallo Universum, da sind wir wieder.

Übung macht den Meister – den Manifestationsmeister. Wir bestellen wieder etwas, das nicht wirklich wichtig für uns ist. Etwas, das keinen wirklichen Nutzen für uns hat. In Wirklichkeit hat diese Übung natürlich einen großen Nutzen für dich, aber: Du perfektionierst langsam die Zusammenarbeit mit dem Universum. Das Manifestieren soll dir in Fleisch und Blut übergehen. Du lernst die Arbeitsweise des Universums immer besser kennen.

Wie die Sache mit dem roten Luftballon ... Ich hatte mir vorgestellt und erwartet, dass ein roter Luftballon durch die Luft fliegt, am besten an meinem Fenster vorbei. (Ja, ich hatte mir etwas vorgestellt, obwohl ich weiß, dass man genau das bei diesen Übungen nicht machen soll. Vorgestellt und erwartet. Ich hatte erwartet, einen roten Luftballon in der Luft zu sehen. Mit jeder genauen Erwartung beschränke ich mich aber. Das weiß ich auch und trotzdem ... Da siehst du wieder, wie das alte Ich ständig zuschlägt – das Tückische ist, man merkt es zuerst nicht. Deshalb hilft das Üben und Spielen. Spielen, immer weiter spielen ...!) Also, ich hatte einen fliegenden roten Luftballon erwartet. Wurde so aber nicht geliefert, denn der Luftballon flog nicht durch die Luft. Der rote Luftballon lag in einem Schaufenster auf dem Boden und ich bin daran vorbeigegangen. Fakt ist aber: Mein Auftrag – »Ich sehe einen roten Luftballon« – hat sich zu **100 % erfüllt.** Eigentlich noch mehr, denn da lagen viele rote Luftballons. ☺

Wir müssen die Arbeitsweise des Universums kennenlernen, damit wir dann auch unsere Wünsche, Forderungen, Aufträge und anderes dementsprechend formulieren können. – Hätte ich einen fliegenden roten Luftballon bestellt, hätte ich bestimmt einen fliegenden bekommen. Interessant, dieses Universum.

Hallo Universum, lass uns spielen!

Ich schlage jetzt folgendes Experiment vor: Wir bleiben bei drei Positionen, erhöhen aber den Schwierigkeitsgrad. Wir bestellen Dinge, die nicht unbedingt an jeder Ecke zu finden sind:

eine Flamencotänzerin,
eine Flaschenpost und
eine angezündete Kerze.

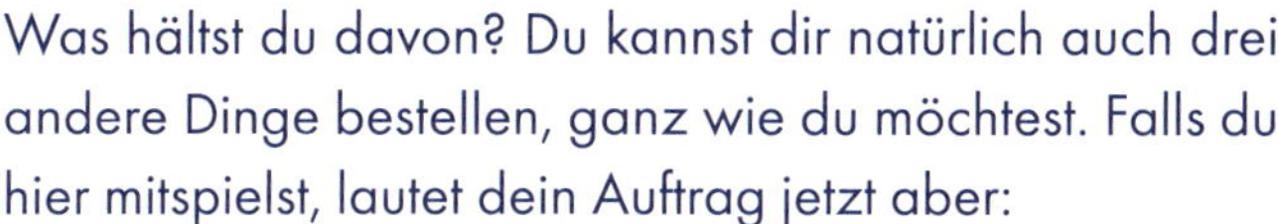

Was hältst du davon? Du kannst dir natürlich auch drei andere Dinge bestellen, ganz wie du möchtest. Falls du hier mitspielst, lautet dein Auftrag jetzt aber:

> Hallo Universum,
>
> ich sehe eine Flamencotänzerin, eine Flaschenpost und eine angezündete Kerze.
> Gerne in den nächsten drei Tagen.
>
> Danke, liebes Universum.
>
> Und los geht's ...

Ich freue mich und bin gespannt. Ich bin immer wieder gespannt. Dabei weiß ich ja, dass es funktioniert. Aber ich weiß ja nicht, wie und wann es geliefert wird. Bei der Flaschenpost bin ich wirklich gespannt ... Und los geht's.

Auftragsdatum: ______________________________

Erfolgte Erfüllung: ____________________________

Wunscherfüllungsbeschleuniger

Wenn du das »Wenn« vergisst. Oder: Wenn nicht jetzt, wann dann?

Ein »Wenn« versperrt uns den Weg zu den magischen Kräften des Universums. Dein altes Ich hat dir gerne »wenn« eingeflüstert, z. B.: »Wenn ich reich bin, dann bin ich glücklich.« Was wollte dein altes Ich dir eigentlich damit einreden? Dass du jetzt, in diesem Moment, nicht glücklich sein kannst?

Es gibt viele dieser Wenn-Sätze:

»Wenn ich einen neuen Chef habe, dann werde ich glücklich sein.« (Jetzt kann ich leider nicht glücklich sein.)

»Wenn ich neue Nachbarn hätte, dann könnte ich glücklich sein.«

»Wenn meine Kinder besser in der Schule wären, dann könnte ich glücklich sein.«

»Wenn ich einen Partner hätte, dann könnte ich glücklich sein.« (Aber alleine kann ich leider nicht glücklich sein.)

»Wenn ich pensioniert bin, dann kann ich endlich glücklich sein.«

»Wenn ...«

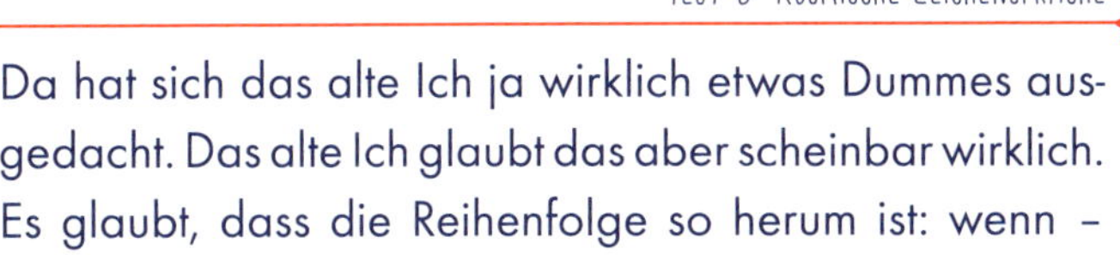

Da hat sich das alte Ich ja wirklich etwas Dummes ausgedacht. Das alte Ich glaubt das aber scheinbar wirklich. Es glaubt, dass die Reihenfolge so herum ist: wenn – dann. In Wahrheit aber ist die Reihenfolge genau umgekehrt. Dein neues Ich weiß das.

**Zuerst musst du glücklich sein!
Dein Glücklichsein zieht alles an,
was du zum Glücklichsein brauchst.**

»Wenn – dann« ist ein Irrtum. Die Annahme, dass sich erst etwas ereignen muss, bevor du glücklich sein kannst, ist schlicht falsch. Es funktioniert anders herum: Du bist aus deinem tiefsten Inneren heraus glücklich – du empfindest aus deinem Inneren heraus ein Glücksgefühl. Dann wirst du durch dein Glücklichsein das Glücklichsein anziehen.

Dein neues Ich weiß das. Aber dein altes Ich lugt immer wieder vor und sät Zweifel: »Ja«, sagt der Zweifel, »schöne Theorie. Aber wie bitte soll ich glücklich sein, wenn ich immer alleine bin?« Antwort: Weil das echte Glück immer nur aus dir selbst kommen kann. Echtes Glück soll nicht abhängig sein von anderen Faktoren. Schöner Nebeneffekt: Wenn du glücklich bist, verändert sich deine Ausstrahlung, die Energie, die du aussendest. Und durch diese veränderte Energie wirst du jemanden kennenlernen. Das ist ja das Interessante.

Du kennst doch bestimmt folgendes Phänomen: Du bist verliebt und strahlst in die Welt hinaus. Was passiert? Plötzlich scheinst du wie ein Magnet zu wirken. Immerzu werden dir Blicke zugeworfen, du bekommst Komplimente ... Gegenteilige Situation: Du bist frustriert und strahlst das auch aus. Niemand wird dich ansprechen, und Komplimente bekommst du auch keine.

Sei glücklich – das Leben wird dich dafür belohnen. Glücklich zu sein öffnet die Kanäle fürs Glücklichsein. Glücklichsein öffnet die Kanäle des Universums.

Je glücklicher du bist, umso glücklicher wirst du.

Versuch das mal! – Könntest du die nächsten 24 Stunden einfach mal glücklich und froh sein? Einfach so? Vergiss alle deine Probleme und Lasten (ist ja nur für 24 Stunden!) und sei glücklich. Glücklich, dass du lebst; glücklich, dass dein Herz schlägt; glücklich, dass die Sonne aufgeht; glücklich, dass du leckeres, gesundes Essen hast; glücklich, dass du Freunde hast; glücklich, dass es regnet; glücklich, dass du so viel zu tun hast; glücklich, dass ... Glücklich von innen heraus.

Die Frage ist doch die: Kann ich glücklich sein, ohne dass vorher bestimmte Bedingungen erfüllt werden müssen? Kann ich jetzt glücklich sein und nicht erst wenn ...?

Annahme: Wenn ich aus mir heraus glücklich bin, werde ich Dingen bzw. Situationen begegnen, die mich noch glücklicher machen.

Glücksversuch:

> Liebes Universum,
>
> mein Glücklichsein zieht Dinge und Situationen an, die mich glücklich machen.
>
> Du hast wieder 24 Stunden Zeit.
>
> Und los geht's …

Glücklichsein-Bestelldatum: ____________________

Richte ab sofort zusätzlich deine ganze Aufmerksamkeit aufs Glücklichsein.

24 Stunden später: Und, was hast du erlebt? Bist du glücklich? Auf einer Glücksskala von 1 bis 10 – wie glücklich bist du jetzt (10 ist sehr glücklich)? (Bei einem Wert unter 7 die Bestellung bitte sofort wiederholen. ☺ Liebes Universum, wir möchten das volle Glücksprogramm. Danke.)

Die Festhalten-kannst-du-sowieso-nichts-und-deshalb-kannst-du-es-auch-loslassen-Logik

Lass für einen Moment mal alles von deinen Schultern abfallen. Schließe deine Augen und stell dir einen Fluss vor. Psst ... Kannst du hören, was der Fluss dir sagt? Der Fluss spricht zu dir. Er sagt: »Lass alles fließen. Lass alles fließen, denn festhalten kannst du sowieso nichts.«

Fließen lassen – das ist das Geheimnis. Wie beim Tao – mit dem Fluss gehen.
Du brauchst dich nicht anzustrengen, um dorthin zu gelangen, wo du hin möchtest. Teile dem Universum einfach klar mit, wohin du willst, und folge dem Strom des Lebensflusses, bis er dich dort ankommen lässt.

Manches Mal scheint der Lebensfluss auf dem Weg zu deinem Ziel Umwege zu machen. Manchmal hast du vielleicht sogar das Gefühl, als würde er eine völlig andere Richtung einschlagen. – Lass dich nicht verunsichern. Folge einfach dem Tao. So gelangst du müheloser und problemloser an dein Ziel, als es durch Kampf der Fall gewesen wäre.

Gib dich deinem Lebensfluss hin.

Gedankenspiel – stell dir vor ...

Stell dir folgende Situation vor: Du schwimmst in der Mitte eines Flusses. Die Strömung des Flusses treibt dich friedlich flussabwärts. Doch plötzlich gerätst du nahe ans Ufer. Statt dich weitertreiben zu lassen, versuchst du, dich am Ufer festzukrallen. Das schaffst du nicht lange, dann wirst du von der Strömung mitgerissen und unter Wasser gezogen.

Was fühlt sich besser an?

Schwimm mit der Energie des Universums.

Du kannst NICHTS festhalten.
Du kannst ja nicht einmal dein eigenes Leben festhalten.
Du kannst keinen Tag, keine Stunde, keinen Menschen festhalten.

Fließen lassen und Dahingleiten im Fluss des Lebens – das ist das Geheimnis.

Denn alles ist immer in Bewegung. Alles!

Null Probleme

Zum Loslassen gehört auch, dass du deine Probleme und Sorgen loslässt. Lass sie einfach mal los. Wenn wir ständig über unsere Probleme nachdenken, dann halten wir sie fest. Dabei wollen wir das Gegenteil. Das alte Ich sagt: »Wir müssen das Problem lösen. Wir müssen uns um das Problem kümmern. Wie schlimm, jetzt haben wir dieses oder jenes Problem. Was alles passieren könnte ...!« Unser altes Ich kreist, fast genüsslich, immer und immer wieder um das Problem. Wie eine lästige Fliege.

Dein neues Ich weiß es besser: Dein neues Ich nimmt das Problem zur Kenntnis, denkt lösungsorientiert und bittet das Universum um Hilfe. Dann lässt es los.

Und siehe da, die meisten Probleme lösen sich auf.

Da stellt sich die Frage: Ist es möglich, Probleme auch in der Ruhe und völlig unaufgeregt zu lösen? Könnte es sein? Könnte es sein, dass dein Problem schnellstmöglich gelöst wird, wenn du es dem Universum übergibst?

Na, dann schauen wir doch mal:

Liebes Universum,

mein Problem ... ist gelöst.

Danke.

Und los geht's ...

Moment! Mein Problem ... ist gelöst. 8ung – da fühlt sich etwas nicht richtig an. – Vielleicht liegt es an der Formulierung? Meiner Meinung nach ist das Wort »Problem« zu negativ. Ich vermute, wir müssen diesen Fall ins Gegenteil umdrehen.

Nehmen wir Folgendes an: Mein Problem wäre z. B. ein Streit mit dem Herrn Nachbar. Dann hieße mein Auftrag:

Das Problem mit Herrn Nachbar ist gelöst.

Danke, Universum.

Irgendwie fühlt sich für mich die Formulierung nicht richtig an. Spürst du das auch? Wir sollten eine andere Formulierung für unsere Bestellung beim Universum gebrauchen. Wir sollten den Auftrag besser positiv formulieren:

Ich verstehe mich blendend mit all meinen Nachbarn.

Ich freue mich sehr darüber.

Danke für die schöne, entspannte Atmosphäre, liebes Universum.

Ja, von diesem Auftrag geht eine völlig andere Energie aus!

Jetzt bist du dran:

Nimm dein Problem und kehre es um: ____________________

____

Danke, liebes Universum.

Formuliere so lange um, bis es sich richtig anfühlt. Bis du die positive Energie, die du damit aussendest, spüren kannst.

Und dann schicke deinen Auftrag los. Ab ins Universum damit!

Lasse auch jede zeitliche Vorgabe weg. Das passt nicht zu dieser Bestellung. Die zeitliche Begrenzung setzt in diesem Fall nur unter Druck.

Auftrag: ______________________________________

Lieferung: dann, wenn es sein soll

Jetzt musst du nur noch den Hinweisen folgen ...

Erfolgte Erfüllung: ____________________________

Sei gespannt, auf welchen Wegen das Universum dein Problem löst. Auch hierfür gibt es so viele Möglichkeiten, wie es Menschen und Probleme gibt. Also ungefähr so viele Möglichkeiten, wie unsere Milchstraße Sterne hat – 300 Milliarden!

Hier sind einige gängige Möglichkeiten, wie das Universum dir Hinweise bzw. Lösungen schicken kann:

Du begegnest jemandem, der dir hilft.

Du begegnest jemandem, der dir einen entscheidenden Hinweis gibt.

Du liest »zufällig« etwas, das dir den Weg zeigt.

Du hast einen Geistesblitz, was zu tun ist.

Jens z. B. hatte dieses Problem: Er hatte sich am Mittwochvormittag bei einer Firma beworben und war sofort abgelehnt worden. Er konnte sich nicht erklären, warum; er passte eigentlich perfekt in dieses Team. Leider bekam er nicht einmal die Gelegenheit, beim Chef persönlich vorzusprechen.
Er übergab das Problem dem Universum.

Freitagnachmittag – also zwei Tage später! – gab es im Kindergarten seines Sohnes ein Fest. Jens holte sich ein Stück Kuchen vom Kuchenbuffet und setzte sich an einen der Tische. Er kam mit einem anderen Vater, der »zufällig« neben ihm saß, ins Gespräch. Es stellte sich heraus, dass dieser Vater der Chef der Firma war, bei der Jens abgelehnt worden war. Jens arbeitet jetzt dort – glücklich und erfolgreich.

Wenn es doch immer so schnell klappen könnte, Universum!

Hallo Universum, du schuldest mir noch eine rote Kuh!

Erinnerst du dich noch an meine Bestellung der roten Kuh?

Ich hatte diese Bestellung fast vergessen, und sie ist mir erst heute auf dem Weg zu einem Treffen eingefallen. Im Auto habe ich dann laut gerufen: »Universum, du schuldest mir noch eine rote Kuh!« – Keine zehn Minuten später habe ich völlig unverhofft eine Flasche Wein geschenkt bekommen. Auf dem Etikett war eine rote Kuh! (Also ehrlich gesagt ein roter Stier – aber ein Stier ist ja auch eine Kuh, nur in männlich. ☺ Ich finde das gilt.)

Erfolgte Erfüllung: 14.2. um 11.50 Uhr

Danke, Universum. ☺ Immer wieder lustig mit dir!

Hallo Universum, wir testen dich.

TEST 4: MONEY, MONEY, MONEY …

Jetzt spielen wir das Das-Geld-liegt-auf-der-Straße-Spiel – ein wunderbares Spiel, um den Geldkanal zu öffnen. Solange es noch Bargeld gibt, kannst du dieses Spiel spielen. Money, money, money – must be funny … (Da ist es wieder, mein Lied aus der Kindheit! ☺)

Das Das-Geld-liegt-auf-der-Straße-Spiel funktioniert ganz einfach: Du findest Geld. Egal wie viel – jeder Cent zählt.

Dein Auftrag ans Universum:

> Hallo Universum,
>
> ich finde Geld, in den nächsten 24 Stunden.
> Danke dafür, liebes Universum.
>
> Und los geht's …

Mal sehen, wie viel Geld du findest. ☺

Unterstützend dazu kannst du auch noch dieses Gedankenspiel machen: Stell dir vor, es regnet Geld. Du stehst in einem Geldregen und steckst dir die Taschen voll mit Geld. ☺

Geldspiel-Beginn: ____________________

Zeit bis zur 'Abrechnung': ____________________

Erfolgte Erfüllung: ____________________

Elisabeth hat gleich mehrere Male Geld gefunden. »Ich hatte das Gefühl, dass das Geld auf der Straße liegt. Ich habe gleich 5-mal an einem Tag Münzstücke auf dem Bürgersteig gefunden.«

Sabine: »Ich habe einen Mantel angezogen, den ich lange nicht mehr getragen habe. In der Manteltasche war ein 20-Euro-Schein. Danke, liebes Universum.«

Susanne: »Ich habe in der Tiefgarage mein Parkticket am Automaten bezahlt. In dem Münzfach lagen noch 4 Euro. So ein ›Zufall‹.«

Martha: »Meine Freundin hat mir das Geld zurückgezahlt, dass ich ihr vor langer Zeit geliehen und schon ganz vergessen hatte. Da habe ich mich sehr gefreut.«

Mone: »Ich habe eine Bluse gekauft. Und die Chefin hat mir einfach 20 % Rabatt gegeben. Zählt das auch?« (Ja, Mone, das zählt auch. Du hast schließlich den Geldkanal geöffnet.)

Laura: »Ich habe an diesem Tag erfahren, dass ich eine teure Reparatur in unserem Haus doch nicht machen muss. Ich habe jetzt so viel Geld gespart. Davon können wir eine Reise machen. Ich freu mich so. Das ist großartig.«

Michi: »Ich habe heute gleich zwei Mal einen Euro auf dem Bürgersteig gefunden. Die lagen einfach da rum. ☺«

Karin: »Ich habe beim Aufräumen einen Restaurantgutschein über 100 Euro, den ich zu Weihnachten geschenkt bekommen, aber völlig vergessen hatte, wiedergefunden. Danke für die Einladung, liebes Universum. Ich freu mich schon!«

Mal sehen, wo wir überall Geld finden. Los geht's!

__________ *Euro vom Universum geschenkt bekommen.*

Wahnsinn: Ich habe gerade in einer Schublade 350 Euro gefunden, juchu! Ich weiß gar nicht, wer die da hineingelegt hat. Universum, warst du das???

Kosmischer Zusammenhang: Bezahlen und Empfangen sind eins. Daher: Bezahle mit Freude! Es gibt eine kosmische Geldregel: Wenn du etwas kaufst, egal, was und wie viel, dann bezahle mit Freude, mit einem rundum guten Gefühl. Gib das Geld bewusst mit positiven Gedanken und Gefühlen weg. Bezahle immer (!) mit einem Gefühl der Freude.
Empfindest du beim Bezahlen negative Gefühle – Gefühle wie: »Ist das wieder teuer, das kann ich mir eigentlich nicht leisten ...« –, dann blockierst du den Fluss von Geben und Empfangen. Bezahle also mit Freude. Bezahle mit Würde. Bezahle mit der Gewissheit, dass Bezahlen und Empfangen eins sind. Sag doch einfach mal:

»Das war wieder herrlich teuer.« ☺
Alles muss fließen ...

Denk daran: Deine Gedanken ziehen die passenden Erfahrungen an. Gedanken und Gefühle wie »Das kann ich mir nicht leisten«, ziehen die Erfahrung »Das kann ich mir nicht leisten« an.
Gedanken an Armut ziehen keinen Reichtum an!

Manifestieren funktioniert in beide Richtungen!

Der Bon-Voyage-Effekt: Gute Reise!

Wir füllen deine Reisekasse auf: Geldanziehung für eine Reise.

Wie viel Geld benötigst du für deine Reise? Welchen Betrag brauchst du? Kalkuliere diesen Betrag möglichst genau. Sage nicht: »Ich benötige Pi mal Daumen ungefähr 1.000 Euro. Mit 1.000 Euro könnte ich eine Reise machen.« Wenn du Geld anziehen möchtest, solltest du den Betrag genauer festlegen. Zum Beispiel so: »Ich erhalte jetzt 2.175 Euro oder 998 Euro.«

Ein genauer Betrag hat eine ganz andere Energie als ein runder Betrag!

Du kannst das fühlen: Welche Energie geht von 1.000 Euro aus? 1.000 Euro – das ist eine allgemeine Energie. 1.498 Euro dagegen strahlt eine viel intensivere Energie aus und hat somit auch eine wesentlich intensivere Anziehungskraft.

Aber noch viel wichtiger, als den genauen Betrag festzulegen, ist es, dir deine Reise genau vorzustellen. Welche Reise wünschst du dir denn? Wohin möchtest du verreisen? Hast du einen Reisetraum? Dann stell es dir vor! Stell dir vor, wie du diese Reise unternimmst:

Möchtest du am Strand liegen und chillen? Dann stell dir vor, wie du deine Füße in den warmen Sand gräbst und die Wärme der Sonne genießt.

Möchtest du das Taj Mahal besuchen? Dann stell dir vor, wie du durch das Tor schreitest und vor diesem atemberaubenden Monument stehst. Stell dir vor, wie du über den Marmorboden läufst, wie du die herrlichen Mosaike bewunderst. Wie du durch die wunderschöne Gartenlandschaft schlenderst und dich Frauen in wunderschönen bunten Saris anlächeln.

Oder möchtest du vielleicht lieber nach Japan reisen? Dann stell dir vor, wie du in einem Park unter einem Meer von Kirschblüten sitzt, umgeben von lauter picknickenden und lachenden Japanern.

Möchtest du nach New York fliegen? Dann stell dir vor, wie du durch die Straßenschluchten schlenderst, wie du vor der Freiheitsstatue stehst, wie du durch den Central Park schlenderst und ein Eis schleckst.

Möchtest du eine Kreuzfahrt machen? Dann stell dir vor, wie das Schiff über den Ozean gleitet und du den Duft des Meeres einatmest, wie du glücklich von Landausflügen zurück aufs Schiff gehst.

Manifestationsbeschleuniger:

Kombiniere diese Methoden mit der Ein-Bild-sagt-mehr-als-1000-Worte-Methode. Am wirkungsvollsten ist es nämlich, wenn du Bilder deines Reiseziels aus Prospekten und Zeitungen ausschneidest und aufhängst. Bastel dir eine kleine Reisecollage – die hat magische Kräfte.

Dein Reiseziel steht fest? Hast du dich entschieden? Jetzt bin ich gespannt, wie das Geld für deine Reise zu dir kommt.

Das kann allerdings länger als ein paar Stunden dauern – obwohl du mittlerweile ja immer schneller wirst mit dem Manifestieren. Das Geld kommt aber auf jeden Fall. Lass dich überraschen, sei nicht so ungeduldig und vertraue darauf, dass es kommt, wenn es für dich besonders gut ist. Gute Reise! ☺

Hier, zu deiner Inspiration, noch weitere praktische Beispiele für einen Reiseauftrag beim Universum:

Hallo liebes Universum,

ich fahre den Highway Number 1 entlang.

Ich freue mich so, liebes Universum.

Danke!

(Dazu fertigst du nun deine Reisecollage an: Fährst du mit dem Motorrad, mit dem Auto oder mit einem Wohnmobil? Schneide entsprechende Bilder aus und hänge diese gut sichtbar auf. Und stell dir vor, wie du den atemberaubenden Blick auf den Pazifik genießt!)

Hallo Universum,

ich mache eine Mittelmeerkreuzfahrt.

Ich freue mich so, liebes Universum.

Danke!

(Stell dir vor, wie du am Bug eines Kreuzfahrtschiffes stehst, die Arme ausbreitest und in den Wind hineinrufst: »Ich bin der König der Welt.«)

Hallo Universum,

ich laufe auf der Chinesischen Mauer.

Danke, liebes Universum.

Hallo Universum,

ich blicke von der Jesus-Statue auf die Bucht von Rio de Janeiro.

Zeige es mir, liebes Universum.

Hallo Universum,

ich laufe durch Angkor Wat und bewundere die alten Tempelanlagen.

Zeige es mir, liebes Universum.

Hallo Universum,

ich fahre auf dem Amazonas durch den Regenwald.

Danke, liebes Universum.

Hallo Universum,

ich fahre mit dem Wohnmobil durch Kanada.

Zeige es mir, liebes Universum.

Diese Welt ist so atemberaubend schön. Was möchtest du unbedingt sehen? Welche Reise manifestierst du?

Jetzt habe ich richtig Reiselust bekommen. Deshalb manifestiere ich auch noch schnell ein Reiseerlebnis:

Liebes Universum,

ich möchte einen Sonnenuntergang in Afrika sehen, und ein Zebra und eine Giraffe sollen in der Dämmerung vorbeilaufen und mir zunicken.

Danke, liebes Universum.

Da bin ich ja mal gespannt! ☺

Sophie: »Das klappt wirklich. ☺ Ich habe mir vorgestellt, dass ich in Griechenland vor der Akropolis stehe. Ich habe mir ein Foto von ihr ausgeschnitten und in mein Buch geklebt. Das Geld habe ich mir nicht vorgestellt. Hatte ich vergessen. Und du glaubst es nicht: Einige Wochen, nachdem ich angefangen hatte, mir diese Reise vorzustellen, kam meine Mutter zu mir mit der freudigen Nachricht, dass sie ein altes Sparbuch von mir gefunden habe. Der Betrag reichte genau für diese Reise. Danke, Universum!«

Marlene: »Ich habe schon immer von einer Kalifornien-Rundreise geträumt. Aber nur so locker.
Als ich dann von dieser Methode hörte, habe ich diese Reise visualisiert und angefordert beim Universum. Ich habe eine einmalige Bonuszahlung von meiner Firma bekommen! Unglaublich! Kalifornien war ein Traum.«

Fiona: »Ich habe immer von einer Karibik-Kreuzfahrt geträumt. Konnte ich mir zu dem Zeitpunkt aber noch nicht

leisten. Trotzdem habe ich mir dann einfach mal eine Seereise beim Universum bestellt und mir dazu noch vorgestellt, wie ich an Deck des Schiffes sitze, wie der Wind durch meine Harre weht und ich die herrliche Meeresbrise einatme.
Vier Monate später hat mich eine Freundin gefragt, ob ich sie auf eine Kreuzfahrt durch die Karibik begleite. Ihr Freund, mit dem sie die Reise gebucht hatte, war plötzlich beruflich verhindert. Ich musste nur den halben Preis bezahlen!«

Die Wege des Universums sind immer wieder »wunder-bar«.

Wunscherfüllungsbeschleuniger

Danke – das magische Wort

Das Wort »Danke« ist mehr als ein Türöffner zum Universum. Danke sagen – auch einfach mal so, das öffnet nicht nur Türen. »Danke« öffnet Tore, breite Tore zum Universum. In dem Moment, in dem du Danke sagst, verändert sich alles. Du veränderst alles! In dem Moment, in dem du Danke sagst, veränderst du dich selbst! Die Schwingung, die du aussendest, verändert sich – und damit verändert sich auch alles, was du anziehen wirst.

Alles wird »Danke«!

Danke ist ein Zauberwort. Wenn du Danke sagst – ziehst du wunderbare Dinge an. Dinge, für die du Danke sagen möchtest.

Danke zieht Danke an!

Danke, liebes Universum!

Versuch das jetzt, in dieser Sekunde, mal: Sag einfach mal aus tiefstem Herzen: »DANKE!«
Fühlst du, wie sich sofort deine Energie verändert?

Danke zieht Danke an. Danke ist der Knopf auf deiner imaginären Fernbedienung, die das Tor zum Universum öffnet.

Es gibt nur eine Lösung: Das magische Gesetz

Du musst Fülle empfinden – auch wenn gerade Ebbe herrscht.

Was soll mehr werden, was soll wachsen in deinem Leben? Möchtest du, dass deine Sorgen und Probleme wachsen? Möchtest du, dass deine Belastungen wachsen? Die Frage findest du albern? Ist sie aber nicht.

Denn genau das tun dein und mein altes Ich. Genau das versucht unser altes Ich immer wieder: deine Konzentration auf deine Sorgen und Probleme zu konzentrieren. Bedenke: Das, worauf du dich konzentrierst, wird wachsen.

Kurzer Zwischencheck: Worauf hast du dich in den letzten 24 Stunden konzentriert? Du hast dich wahrscheinlich nicht überwiegend mit konstruktiven und motivierenden Wunscherfüllungsgedanken beschäftigt, oder doch? Woran hast du gedacht? Welche Gedanken gingen dir durch den Kopf? – Genau das wird wachsen. **Aber ist es wirklich das, was du willst? (**Da ist sie wieder, die Theorie. Die Theorie über die konstruktiven Gedanken. Aber, wir müssen es auch im wirklichen Leben praktizieren!)

Man sollte sich tatsächlich mehrere Male am Tag neu einstellen. Gurudschi, mein liebevoller Lehrer, hat mir einen guten Trick für die tägliche Feineinstellung verraten. Sein Tipp für den Anfang war dieser: Halte jede volle Stunde einen kurzen Moment inne und schau, ob dein Gedankenfluss in die richtige Richtung fließt – also ob er darauf ausgerichtet ist, was sich in deinem Leben vermehren soll. – Wenn es nicht jede Stunde klappt, ist es das kein Problem. Versuche es aber mehrere Male am Tag.

~ Selbstversuch ~

Die Frage ist doch die: Kannst du deine Gedanken dem anpassen, was du in deinem Leben vermehrt haben möchte? Ist das möglich?

Notiere, welche Gedanken in den letzten Tagen im Vordergrund standen.
Jetzt ändere diese Gedanken passend zu deinem Wachstumswunsch.
Versuche, das 24 Stunden durchzuziehen, und korrigiere dich gegebenenfalls immer wieder.

Versuchsbeginn: ______________________________

Versuchsende: ______________________________

Und? Wie fühlst du dich? Dieser Weg bereitet mehr Freude, nicht wahr?

~ Kosmische Erinnerung: ~

Es gibt immer nur die eine Lösung: **Gleich und Gleich gesellt sich gern! Deshalb musst du Fülle empfinden.** Fülle zieht Fülle an – das ist ein magisches Gesetz!

Weißt du, was jedoch in der Praxis relativ schwierig zu meistern ist? Die Tatsache, dass Mangel Mangel anzieht.

Das heißt, ein leeres Konto oder ein leeres Portemonnaie zieht kein Geld an. Ein einsames Herz zieht keine Liebe an und so weiter. Aber: Obwohl »in deiner Realität« dein Portemonnaie leer ist, musst du unbedingt Fülle empfinden. Obwohl du »in deiner Realität« alleine bist, musst du unbedingt Fülle/Liebe empfinden. **Obwohl du »in deiner Realität« scheinbar Mangel erlebst, musst du dennoch Fülle empfinden.** Das ist vielleicht zuerst eine ziemlich große kosmische Herausforderung, aber es wirkt!

Es gibt immer nur die eine Lösung: Du musst Fülle empfinden! Das ist alternativlos. ☺ Denn Fülle zieht Fülle an! Lasse deshalb immer etwas Geld in deinem Portemonnaie. Fühle in Gedanken diese neue, tiefe Liebe – so dass du Fülle empfindest. **Das ist das vielleicht magischste Gesetz: Fülle zieht Fülle an!**

Ich weiß, dass sich das im ersten Moment ungerecht anhört – aber so ist es eben! Wenn du Fülle empfindest, zieht diese empfundene Fülle aus dem Energiestrom des Universums Fülle an. Wie gesagt: Gleich und Gleich gesellt sich gern!

Dein neues Ich weiß das genau. Dein altes Ich versucht trotzdem gerne, dich immer mal wieder auf die Situationen und Bereiche deines Lebens hinzuweisen, in denen scheinbar Mangel herrscht. Wenn es in einem Bereich deines Lebens noch nicht ganz rund läuft, dann ist das noch lange kein Mangel! Wenn überhaupt ist es nur die

Vorbereitung auf Fülle. Denn du weißt ja jetzt, dass du alles manifestieren kannst. Schau nach vorne – das Universum kümmert sich darum.

Fülle ist der Zauberzustand! Aus dem Zustand der Fülle wird das Manifestieren noch schneller und einfacher.

Dein Auftrag ans Universum:

> *Hallo Universum,*
>
> *ich erlebe Fülle, schöne Fülle.*
> *Heute den ganzen Tag.*
>
> *Danke dafür, liebes Universum.*
>
> *Und los geht's ....*

Ich habe diese Bestellung gleich morgens um 8 Uhr abgeschickt. Es hat nicht lange gedauert und ich bin der Fülle begegnet: Ich hatte eine Fülle von Rechnungen im Briefkasten. Hilfe, Universum! So war das nicht gemeint! Sehr lustig, dieser kosmische Humor.
Einige Stunden später ging es dann aber los mit der schönen Fülle. ☺ Danke, liebes Universum. Das war schön.

Hallo Universum, wir testen dich.

TEST 5:

HANDFESTES – WIR MATERIALISIEREN ETWAS ZUM ANFASSEN

Wir materialisieren etwas, das man kaufen kann. Etwas Alltägliches – also vielleicht zuerst nicht gerade einen Diamantring (das kannst du ja später selber machen.) Wir materialisieren zuerst einmal etwas Einfaches, das du dir gut vorstellen kannst. Damit programmierst du dich auf Erfolg. Denn wenn du einmal erfolgreich warst, weißt du, dass alles möglich ist. Die Erfüllung bzw. die Materialisierung liegt dann für dich im Bereich des Möglichen, und so wird Schritt für Schritt die »Zauberei« zu einer Technik, um »Wunder« in dein Leben zu ziehen.

Ich schlage vor, wir materialisieren eine Tasse. Unser Auftrag:

Liebes Universum,

bring mir eine Tasse.

Danke.

Und los geht's ...

Datum: 15.4.

Uhrzeit: 10

Materialisierung/Lieferung: ______________

Das Im-Zweifel-für-dich-Abkommen

Wer flüstert dir da ins Ohr?
Weißt du, wen man leider immer mal wieder im Kopf trifft? Einen lästigen alten Bekannten, der sich immer wieder Zutritt zu deinem Kopf verschafft. Man weiß nicht genau, wie er das anstellt und woher er kommt. Aber eins steht fest: Er findet immer wieder eine Möglichkeit, durchs Netz zu rutschen. – Du weißt, wen ich meine. Den Zweifel! Der Zweifel ist nicht immer sofort als solcher erkennbar. Er verkleidet sich auch sehr gerne, z. B. als gut gemeinter Hinweis.

Viktoria zum Beispiel hat Folgendes berichtet: Sie bestellt seit einiger Zeit beim Universum, dies und das. Mal klappt

es schneller, mal langsamer. Sie müsste eigentlich inzwischen wissen, dass es meistens klappt. Und trotzdem, sobald sie dem Universum ihren Wunsch mitgeteilt hat, kommt hinten um die Ecke, wie aus dem Nichts, der kleine lästige Zweifel und flüstert ihr ins Ohr: »Dieses Mal klappt es nie und nimmer. Du bist ja vielleicht naiv.«
Viktoria versucht nun, das sofort zu erkennen, und hat eine gute Methode gefunden, den Zweifel möglichst schnell wieder loszuwerden. Sie stellt sich den Zweifel vor, packt ihn in einen Koffer und schickt ihn auf eine Reise auf eine weit entfernte Insel. Dummerweise hat der Zweifel ein Rückfahrtticket. Aber das Erfreuliche ist, er bleibt neuerdings immer länger auf der Insel.

Der Zweifel ist wirklich lästig und manches Mal nahezu zermürbend. Wir dürfen den Zweifel jedoch nicht mit der inneren Stimme verwechseln – mit deiner inneren Stimme, die dich vor etwas warnen möchte. Das eine ist die Stimme – das andere ist der Zweifel.

Weißt du, wie du die beiden unterscheiden kannst? Der Zweifel ist wie ein ewiger Meckerer, er sagt dir destruktive Dinge, wie: »Das schaffst du nicht, das klappt nicht …« Die innere Stimme, die sagt dir: »Sei vorsichtig an dieser Stelle, das könnte nicht gut für dich sein.« Oder: »Nimm heute lieber die Bahn statt des Autos.«

Die innere Stimme ist liebevoll und konstruktiv.

Der Zweifel ist destruktiv und macht dich klein und fertig. Der Zweifel zerstört und zieht dich in niedrige Energiefelder.
Erkennst du den Unterschied?

Hier geht es erst einmal nur um den Zweifel – um die innere Stimme kümmern wir uns gleich.

Also: Welcher Zweifel besucht dich persönlich immer wieder? Kannst du erkennen, welche Zweifel sich bei dir eingenistet haben? Beobachte deine Zweifel, packe sie in den Koffer und schicke sie auf eine weite Reise.

Mia: »Ich wollte meinen Chef um eine Gehaltserhöhung bitten, aber immer wieder kam der Zweifel, ob das der richtige Moment sei. Der Zweifel sagte auch: »Lass das lieber. Nicht dass dein Chef sauer ist.« Sie hat sich bis heute nicht getraut zu fragen.

Hier hat sich das fehlende Selbstwertgefühl als Zweifel verkleidet. Aber Mia, was sagt denn eigentlich deine innere Stimme? »Meine innere Stimme sagt, dass ich fragen soll und bestimmt eine positive Antwort bekomme.« – So, Mia, jetzt schickst du den Zweifel weg und ihm eine positive Botschaft entgegen.

Liebes Universum,

ich werde genau den richtigen Zeitpunkt für eine positive Gehaltsbesprechung finden.

Danke.

Und jetzt vertraue!

Übrigens: Vertrauen und Zweifel schließen sich aus.

Du kannst nur eins von beiden,
entweder vertrauen oder zweifeln.
Du entscheidest.

(Und bedenke, dass du das, wofür du dich entscheidest, vermehrt anziehen wirst.)

Brigitte: »Ich würde so gerne Portraits zeichnen. Aber ich glaube, ich kann das bestimmt nicht gut genug.«

Brigitte, schick deinen Zweifel weg. Du kannst das! Der Wunsch ist in dir, weil dein Herz weiß, dass du das machen sollst! Was sagt denn deine innere Stimme? »Meine innere Stimme sagt, ehrlich gesagt schon seit Jahren: ›Fang endlich an zu malen – heute noch!‹« – Dann hör auf diese Stimme und fang an zu zeichnen, es wird dich glücklich machen.
(P.S.: Inzwischen hat Brigitte immer Zeichenmaterial dabei und zeichnet und zeichnet und zeichnet. Und ist glücklich.)

Zweifel zieht immer die Erfüllung des Zweifels an!

Sei vorsichtig, wen und was du in deinen Kopf und dein Herz lässt. Und vertraue. Du tust das Richtige!
Was würdest du denn gerne machen? Tanzen, malen, schreiben, Theater spielen, singen ...? Fang an damit – es wird dich glücklich machen! Und schick deine Zweifel nach Sibirien.

Roland aus Berlin hat auch so seine Zweifel: »Ich verstehe das gar nicht. Ich weiß eigentlich, dass das mit dem Universum funktioniert, und trotzdem schleichen sich immer wieder Zweifel ein.
Wir wollen mit unserer Firma expandieren und dazu muss ich Kundenakquise betreiben. Also wir wollen einige Firmen anrufen und ihnen unser Angebot und Konzept erklären. Aber irgendwie habe ich dabei immer ein schlechtes Gefühl, es ist mir irgendwie unangenehm, ich denke dann immer: ›Mensch, hoffentlich nerve ich nicht, wenn ich da anrufe!‹ und so weiter.«

Roland, warum diese Zweifel? Und woher kommen sie überhaupt? – Die Wurzeln deines Zweifels liegen vermutlich in deiner Erziehung. Du wurdest dazu erzogen, stets Rücksicht zu nehmen, darauf zu achten, dass du den Erwachsenen nicht auf die Nerven gehst, stets bescheiden sein.
Alles gut. Dreh deine Zweifel trotzdem um und hab Vertrauen in dich. Sage dir: »Ich rufe immer im richtigen Mo-

ment an. Mein Vorschlag ist für beide Seiten sehr gut. Ich werde wohlwollend empfangen.« Vielleicht hat derjenige, den du gleich anrufen wirst, gestern selbst beim Universum um Hilfe gebeten. Und jetzt rufst du an. Und er denkt: **»Danke, den hat mir das Universum geschickt.«**

Dein Geschäft ist für alle gut. Du kannst überall anrufen – viele, sehr viele werden sich über dein Angebot freuen. Sollte sich doch einmal jemand nicht freuen und dich ruppig behandeln, dann nimm es nicht persönlich. Das hat nichts mit dir zu tun! Derjenige hat vielleicht gerade Stress oder sonst etwas. Und bedenke auch: Wenn dieser jemand nicht mit dir zusammenarbeiten will, dann ist das für dich bestimmt besser so. Wahrscheinlich beschützt dich das Universum vor einer unangenehmen Zusammenarbeit. Vielleicht hätte dieser Jemand niemals deine Rechnung bezahlt und du hättest umsonst gearbeitet. Was wissen wir schon? Vertraue darauf, dass das Universum das für dich Beste tut – IMMER. Auch wenn du mal nicht so nett behandelt wirst. Woran zweifelst du eigentlich noch immer? Könntest du jetzt bitte dein Zweifeln durch Vertrauen ersetzen?

Die Frage ist eigentlich die: Ist es möglich, ein Leben ohne Zweifel zu leben?

Tatsache ist:

Vertrauen öffnet die Tür zum Universum.
Dein Zweifel wirft sie wieder zu!

Zwischenauftrag

Hallo Universum,

da sind wir wieder.

Wir vergraulen jeden Zweifel. Das schaffen wir, indem wir einen Zweifel einfach, Simsalabim, ins Gegenteil umwandeln.

Die Frage ist: Wenn ich meinen Zweifel ins Gegenteil verwandele, bekomme ich dann auch das Gegenteil?

Probieren wir es aus. Ich überlege mir jetzt einen Test für mich ... Also: Ich zweifele zum Beispiel daran, dass dieses Buch ins Chinesische übersetzt werden wird. :) Diesen Zweifel kehre ich jetzt ins Gegenteil um:

Dieses Buch "Danke, liebes Universum" ist auch ins Chinesische übersetzt worden.

Zeige mir das, Universum.

Danke.

Wie heißt der chinesische Verkehrsminister: Um-Lei-Tung. Ich habe meinen Zweifel umgeleitet. ☺

Da bin ich ja mal gespannt! Danke, liebes Universum.

Jetzt bist du dran: Woran zweifelst du? Drehe deinen Zweifel jetzt ins Gegenteil um:

Ich ______________________________

____

Danke, liebes Universum.

Und jetzt bestellen wir noch etwas Fröhliches:

Liebes Universum,

ich bekomme etwas Blaues geschenkt.
In den nächsten 24 Stunden.

Danke!

Und los geht's ...

Nur drei Stunden später: Das mit dem blauen Geschenk hat richtig schnell geklappt. Meine Tochter hat ihren Schrank aussortiert, dabei ein wunderschönes blaues Tuch entdeckt und es mir geschenkt. ☺ Danke, liebes Universum. Das ist mein neues Lieblingstuch.

Kosmische Erinnerung und Vertiefung

Die So-tun-als-ob-es-schon-wahr-wäre-Methode

Die So-tun-als-ob-es-schon-wahr-wäre-Methode ist garantiert erfolgreich. Dein Wunsch wird wahr werden.

Du kennst ja bereits die Visualisierungsmethode. Wendest du sie auch wirklich konsequent an? Tust du so, als ob dein Wunsch bereits wahr geworden wäre?
Falls nicht, dann mach das jetzt! Tue so, als ob dein Wunsch schon wahr wäre! Er wird sich erfüllen! – Aber immer mit der Ruhe. Dein Wunsch wird sich erfüllen, wenn er sich erfüllen soll!

Für diesen Beweis benötigen wir etwas länger als einige Stunden. Aber was ist schon Zeit?

Kleiner Zwischenhinweis: Nur Geduld

Wie sagt mein Lieblingslehrer, Gurudschi, gerne zu mir: »Sei nicht so ungeduldig. Setze dich hin und entspanne dich. Du hast deinen Wunsch dem Universum mitgeteilt, also wird er sich erfüllen. (Wenn der Wunsch gut für dich ist. Sonst geschieht etwas Besseres, das weißt du ja inzwischen.) Zügele deine Ungeduld. Du kannst solange

du willst am Gras ziehen und zupfen – es wird dadurch nicht schneller wachsen. Also hör auf, am Gras zu ziehen – es wird nichts bewirken. Absolut nichts. Vertraue darauf, dass es wächst.« Das sagt Gurudschi, wenn ich ihn auf seinem Floss besuche. Und da hat er ja Recht.

Das Gras wird nicht schneller wachsen, wenn du daran ziehst!

Dein Wunsch wird nicht schneller erfüllt, nur weil du »ziehst« und das Universum nervst.

Vertrauen – und immer wieder kommen wir auf den Punkt Vertrauen.

Wenn du dir immer und immer wieder etwas vorstellst, wird es wahr werden. Das geht gar nicht anders. Das Universum schickt dir, was du dir vorstellst. Stell dir die Erfüllung deines Wunsches daher immer und immer wieder vor! Die Bilder, die du dir vorstellst, ziehst du in deine Welt. Die Bilder, die du dir vorstellst, manifestierst du. Also, tue so, als ob dein Wunsch bereits wahr wäre, und das Universum wird liefern.

Beschreibe nun deinen Wunsch noch einmal ganz genau.

Stell dir ab jetzt immer und immer wieder vor, wie es sich anfühlt, wenn der Wunsch bereits wahr ist. Stell es dir vor, wann immer du Zeit dafür hast – und auf jeden Fall abends kurz vor dem Einschlafen.
So viel zur Theorie. Jetzt praktiziere das auch! (Vielleicht einfach mal eine Folge weniger bei Netflix schauen und stattdessen lieber deinen eigenen Film in deinem Kopfkino ansehen. ☺)

Funktioniert das Ganze auch, um einen **Partner zu finden**? Sicher! Wenn du alleine lebst, aber lieber einen Partner hättest, dann mache Folgendes: Du bestellst den passenden Partner beim Universum und tust so, als würdest du bereits in einer glücklichen Partnerschaft leben. **Deine Unterstützung durch die So-tun-als-ob-es-schon-wahr-wäre-Methode wirkt wie ein universeller Wunscherfüllungsbeschleuniger.**
Tue so, als ob du bereits in einer glücklichen Partnerschaft leben würdest. Fühle dich so, als ob du in einer glücklichen Partnerschaft leben würdest. Schließe immer wieder kurz deine Augen und fühle die liebevolle Umarmung, fühle das Miteinander. Spüre beim Spaziergang den Partner an deiner Seite, sieh ihn neben dir sitzen, höre ihn lachen. Fühle den Ring an deinem Finger und so weiter. Mal sehen, wie lange es dauert ... Nicht sehr lange – so viel ist sicher! Das Universum wird liefern.

Geht das nur dir so? Einer dieser Tage …

Oder: Universum, das hatte ich nicht bestellt!

In manchen Situationen denke ich nur noch: »Das kann doch nicht wahr sein!« Neulich zum Beispiel, da war wieder so ein Tag: Ich stehe auf, bin gutgelaunt, freue mich auf den Tag und dann geht's los. Waschmaschine kaputt und Keller unter Wasser – erst mal 30 Minuten Wasser schippen. Anschließend bin ich in die Stadt gefahren, um Besorgungen zu machen. Auto in der Tiefgarage geparkt, zurückgekommen und festgestellt, dass jemand mit seinem roten Auto meine Fahrerseite gerammt hat. Wieder zu Hause hat die Druckerei angerufen, sie haben das Cover für das Büchlein »Geborgenheit« gedruckt und festgestellt, dass die Maße falsch waren …

Also, liebes Universum, das hatte ich eigentlich nicht bestellt. Ich hatte … bestellt. Was soll das?

Ich war etwas durcheinander und habe mich gefragt, da ich ja das Gesetz der Anziehungskraft sehr gut kenne, ob ich diese Misere vielleicht selber angezogen habe? Habe ich das mit meinen Gedanken wirklich angezogen? Nach reiflicher Überlegung bin ich zu dem Schluss gekommen: NEIN, das habe ich nicht! Davon bin ich jedenfalls fest überzeugt. Man kann Dinge anziehen, aber es kommen eben manchmal auch nicht eingeladene Gegebenheiten zu Besuch.

Seitdem ich zu wissen glaube, dass das nichts mit mir zu tun hat, betrachte ich solche Dinge und Situationen einfach als aufdringlichen Besuch, den ich nicht eingeladen habe. Ich bleibe höflich, aber auch nicht zu herzlich. Ich will ja, dass die wieder gehen. Das sind Trainingspartner – damit ich lerne, in meiner Mitte zu bleiben.

Zugegeben, als ich mit den Füßen im Waschmaschinenwasser stand, musste ich mich erst wieder daran erinnern. Und auch als ich die verkratzte Seite an meinem relativ neuen Auto entdeckt habe. Und als ich dann die Mail bekam, dass das Cover in der falschen Größe gedruckt wurde ... Na ja. Das war ein wunderbarer Trainingstag – sagen wir mal so! ☺

Aber immer schön gelassen bleiben. Aufregung ändert nichts – Gelassenheit schafft alles! In dem Moment, in dem du diese kleinen Hindernisse als Trainingspartner betrachtest, nimmst du den Druck aus der Angelegenheit und kannst deine Aufmerksamkeit wieder auf die konstruktiven Dinge richten. Nämlich auf deine Aufträge und die Lieferungen des Universums. Sobald ich mich wieder damit beschäftige, das Universum zu testen, kommt meine Freude innerhalb von Sekunden zurück – dann steh ich halt im Wasser.

Also, liebes Universum,

ich sehe ein Känguru.
Zeige mir eins, Universum.
Du hast 24 Stunden Zeit.

Und los geht's ...

(So süß: Es hüpfte über den Fernsehbildschirm – noch am gleichen Abend. ☺)

Türöffner zum Universum: Immer schön locker bleiben

Weil es so wichtig ist, noch einmal: Immer schön locker bleiben und nicht verkrampfen, das ist der Trick. Sobald du etwas bestellt hast, lautet die Devise: Immer schön locker bleiben.

Beispiel: Betrachten wir den Auftrag mit dem Kamel. Du hast das Kamel bestellt, sagen wir um 11.30 Uhr. Anschließend hast du dem Universum 24 Stunden Zeit gegeben. Inzwischen ist es nun schon 19 Uhr und langsam wirst du nervös. Bis jetzt hast du noch kein Kamel gesehen. Langsam fängst du an, unsicher zu werden. (›Wunderbar‹, denkt sich der Zweifel. ›Da kann ich doch mal ein bisschen Verwirrung stiften.‹ Er wird dir wieder mal einflüstern:

›Meinst du, das mit dem Universum klappt überhaupt?‹) Lass das. Das alte Ich soll verschwinden.

Es ist doch eigentlich gar nicht wichtig, ob du ein Kamel siehst – und schon gleich wirst du daher ein Kamel sehen. Weil es eigentlich egal ist und du locker bleiben kannst. Also:

Bleib einfach immer (!) locker. Und gib das Vertrauen nicht auf.

Je lockerer du bist, umso schneller und leichter kommt das Bestellte zu dir. Wenn du dich verkrampfst, machst du dagegen die Tür zu. Leicht und locker bleiben – das sind Türöffner fürs Universum. **Wenn du dich verkrampfst, ist es so, als würdest du die Tür zum Universum von innen zuhalten.**

Alex erzählt folgende Geschichte: Sie war geschieden und wollte einen neuen Partner kennenlernen. Alle ihre Freunde rieten ihr, oft auszugehen, um eventuelle geeignete »Kandidaten« kennenzulernen. Aber Alex wollte nicht. Sie wollte ihre Ruhe haben und sagte sich: »Eines Tages wird der Richtige vor meiner Tür stehen.« Ihre Freunde fanden das naiv und lebensfremd. Aber nach einigen Monaten klingelte es an der Tür und da stand er … Kein Witz. Das Universum findet IMMER Mittel und Wege. Du musst nicht einmal das Haus verlassen.

Die Eigentlich-ist-es-ein-Vorteil-Methode

In allem den Vorteil erkennen – das hört sich zunächst einfacher an, als es ist. In allem den Vorteil erkennen, bedeutet, sich auf den Vorteil zu fokussieren. Und sobald du dich auf die Vorteile konzentrierst, programmierst du dich um. Du programmierst dich auf das Gute – und was wird dir das Universum dann spiegeln? Etwas Gutes! Denn das Universum ist dein Spiegel.

Solltest du mal absolut keinen Vorteil in einer Situation erkennen – dann lache einfach. Lache, lache, lache. – Gut, das ist nicht unbedingt immer einfach, aber das Lachen hat auch einen positiven Effekt. Lachen zieht Gründe für weiteres Lachen und Fröhlichsein an.

Wenn du einen Grund zum Lachen hast, wunderbar – dann lache auch. Wenn du denkst, dass du gerade keinen Grund dazu hast, dann lache trotzdem. Dann gilt der Ausspruch von William James: »Wir lachen nicht, weil wir glücklich sind, sondern wir sind glücklich, weil wir lachen.«

Die Frage ist doch die: Wenn du lachst, ziehst du dann wiederum Situationen an, die dich zum Lachen bringen? Ja, genauso ist es. Du lachst und das Universum bringt dich zum Lachen! **Du lachst und das Universum lacht zurück.** ☺

Vorsicht vor Ärger und Wut. Welchen Nutzen hat es für dich, wenn du dich ärgerst? Keinen, absolut keinen! Ärger und Wut schwächen dich, verändern die Energie, die du ausstrahlst, und ziehen wiederum Ärger an. Wenn also etwas schiefgeht, ärgere dich nicht, sondern denke: **Wer weiß, wofür das gut ist!** Alles ist gut!

Die Frage ist: Verändert sich dein Tag, wenn du heute in allem einen Vorteil erkennst? Verändern sich dein Zustand und deine Laune? – Zugegeben, das kann eine harte Nuss sein. Dazu habe ich auch schon einige Nachfragen bekommen ...

... zum Beispiel von **Susi**: »Das mit dem Vorteil erkennen fällt mir sehr schwer. Gestern zum Beispiel habe ich die Nachricht bekommen, dass ein relativ großer Auftrag geplatzt ist. Wie bitte soll ich darin den Vorteil erkennen?«
Keine Ahnung, liebe Susi. Das kann ich dir leider auch nicht sagen. Die Wege des Universums sind für uns manchmal etwas undurchsichtig und nicht sofort nachvollziehbar. Das Universum wird aber schon das Richtige getan haben. Vielleicht erfährst du in einigen Monaten, dass diese Firma pleitegegangen ist und dich das Universum durch das Platzen des Auftrages vor einem schweren finanziellen Verlust beschützt hat. Who knows? Auch, wenn du es jetzt noch nicht verstehst, lass dich nicht verunsichern. Wenn du dich jetzt von der Nachricht runterziehen lässt, dann erniedrigst du dich selbst. Du erniedrigst deine Schwingung und sendest diese ins Universum. Also, ent-

scheide dich fürs Lachen. Ändern kannst du ja jetzt sowieso nichts mehr. Sage lieber: »Danke, liebes Universum, das dieser tolle Auftrag geplatzt ist.« Das ist zugegeben **hohe Universums-Versteh-Kunst.** Das ist für Fortgeschrittene. Aber was wäre denn die Alternative? Du fühlst dich schlecht, weil der Auftrag geplatzt ist. Du jammerst und bedauerst und – am Ende des Tages bist du ein Häufchen Elend. Am Ende des Vorteilstages jedoch ruhst du in dir und vertraust darauf, dass das Universum schon weiß, was es tut. Was ist besser?

Die Frage ist:
Schaffe ich es, heute in allem, was passiert, einen Vorteil zu erkennen?
Schaffst du es, heute in allem den Vorteil zu erkennen?

Wenn ich es schaffe, in allem den Vorteil zu erkennen, werde ich meine Energie auf einem hohen Level halten und nach und nach auch entsprechende Dinge und Situationen anziehen.

Beweise es uns, liebes Universum!

Morgens nach dem Frühstück beginnt das Experiment: Das 12-Stunden-Vorteilsexperiment.

Liebes Universum,

ich erkenne heute in allem den Vorteil.
Zeige mir die Vorteile.
Den ganzen Tag lang.

Danke.

Und los geht's ...

Vorteilstagsdatum: ____________________

Abends 20 Uhr: Was ist heute alles passiert und wie hat es mit dem Erkennen der Vorteile geklappt? Geht's dir gut?
Bevor du gleich schlafen gehst, lache noch mal. Lache, lache, lache! Lache dich glücklich. Und freue dich auf deine Träume.

Die Bauch-statt-Kopf-Strategie

Dein Bauch weiß mehr ... Dein Bauch ist sehr, sehr klug. Dein Kopf ist natürlich auch klug, er denkt rational. Aber dein Bauch denkt viel, viel weiter.
Die meisten Leute haben ihr Bauchgefühl trotzdem quasi abgeschaltet. Sie hören auf ihren Kopf. Erst wenn sie richtige Bauchschmerzen bekommen – dann reagieren sie. So wie Anjuli damals. ☺

Du könntest aber trainieren, verstärkt auf das Gefühl in deinem Bauch zu hören – lange vor den Bauchschmerzen. Wenn du wichtige Entscheidungen zu treffen hast, oder auch unwichtige, horche kurz, was dein Bauch dir sagt. Beobachte, wie sich dein Bauch bei einer Entscheidung fühlt.

Gutes Bauchgefühl – die Entscheidung ist richtig.
Schlechtes, ungutes Bauchgefühl – unbedingt die Finger davonlassen.

Das kannst du üben: Gibt es momentan eine Situation in deinem Leben, bei der du dir nicht sicher bist, welche Entscheidung richtig ist und welche falsch? Wunderbar, dann mache jetzt diesen Selbstversuch:

»In der Angelegenheit XY zeigt mir mein Bauchgefühl den richtigen Weg. Danke, lieber Bauch.«

Und jetzt warte ab, du wirst nachher wissen, was richtig ist. Dein Kopf überblickt die Dinge auf der Erde – dein Bauch blickt viel weiter. Dein Bauch – und dein Herz – haben eine Verbindung zum Universum.

Was meinst du, wann du glücklicher bist? Wenn du immer deinem Kopf folgst? Und immer vernünftig bist und arbeitest und arbeitest? Du kennst die Antwort. Das Universum kennt sie auch.

Das Ich-bin-immer-zur-richtigen-Zeit-am-richtigen-Ort-Prinzip

Deine Intuition ist deine Nabelschnur zum Universum. Dein Bauch und dein Herz haben eine Verbindung zum Universum. Das bedeutet: Du hast eine Nabelschnur zum Universum. Eine unsichtbare Nabelschnur. Für uns unsichtbar – aber was sehen und wissen wir schon?

Diese nicht durchtrennbare Nabelschnur füttert auch deine Intuition, deinen 7. Sinn. So kommt es, dass deine Intuition ein wunderbarer Führer ist. Deine Intuition führt dich zur richtigen Zeit an die richtigen Orte. In unserem geschäftigen Alltagsleben rückt die Intuition leider immer weiter in den Hintergrund. Sollte sie aber nicht. Denn unsere Intuition ist ein verlässlicher Führer.

Jessy zum Beispiel erzählt: »Ich litt unter einer sehr starken, eigenwilligen Allergie. Ich ging von Arzt zu Arzt, aber so wirklich helfen konnte mir keiner. Eines Tages spürte ich den starken Impuls, in eine kleine Modeboutique im Nachbarort zu fahren. Ich kam dort mit einer anderen Kundin ins Gespräch. Und siehe da – diese Kundin war eine begnadete Heilpraktikerin und meine Allergie war nach einiger Zeit geheilt.«

Das Universum spricht über deine Intuition mit dir! Den ganzen Tag lang!

Folge deiner Intuition. Unbedingt.

Die Frage ist: Steckt wirklich das Universum hinter meiner Intuition? Wenn ich meiner Intuition folge, bin ich dann immer am richtigen Ort?

Finden wir es heraus.
Lerne deine Intuition zuerst einmal besser kennen und mache dich vertraut mit ihr. Achte die nächsten Tage verstärkt auf deine Intuition.

Formuliere dann deinen Auftrag:

> *Liebes Universum,*
>
> *meine Intuition führt mich an die richtigen Orte.*
> *Ich bin zur richtigen Zeit am richtigen Ort.*
> *Führe mich, liebes Universum.*
> *In den nächsten zwei Tagen.*
>
> *Danke.*
>
> *Und los geht's ...*

Viel Spaß. Mal sehen, wo dich deine Intuition hinführt. Das ist spannend!

Übrigens: Gerade in den heutigen Zeiten ist es sehr wichtig, auf deine Intuition zu hören. In Zeiten von Gewalt und Terror solltest du Warnungen deiner Intuition ernst nehmen. Dann musst dir keine Sorgen machen, denn das Universum passt auf dich auf. Sage auch deiner Familie und deinen Freunden, dass sie auf ihre Intuition hören sollen. Dann kann das Universum auch auf sie aufpassen. Das ist wirklich wichtig in diesen Zeiten.

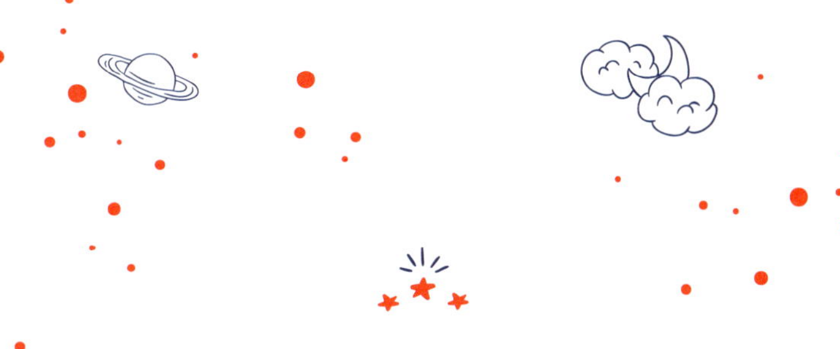

Hallo Universum, wir testen dich.

Test 6:

Telefonieren für Fortgeschrittene – Telepathie

Jeder Mensch besitzt telepathische Fähigkeiten. Wobei ... Telepathie? Das hört sich nach Hexerei an – aber nur für dein altes Ich. Telepathie ist in Wahrheit eine Urfähigkeit. Sie liegt in unseren Genen, nur haben wir das vergessen. Und es wird wohl vorübergehend durch die zunehmende Technisierung noch weiter in Vergessenheit geraten. (Aber zum Glück bei uns ja nicht.) In Vergessenheit geraten deshalb, weil die technischen Geräte immer stärker das tägliche Leben beeinflussen und kontrollieren. Alle möglichen Apps halten dich in Abhängigkeit: »Bin ich genug gelaufen? Wie viele Kalorien habe ich verzehrt, verbraucht?« Und so weiter. Diese Abhängigkeiten entfernen uns immer weiter von unseren

natürlichen, angeborenen Fähigkeiten. Sie machen uns zu kleinen Robotern. Aber noch sind wir ja Menschen.

Das Wer-braucht-denn-noch-ein-Telefon-Prinzip

Du kannst Telepathie – also Gedankenübertragung – wiederentdecken. So kannst du z. B. deine telepathischen Fähigkeiten mit einem Freund oder einer Freundin spielerisch üben: Setzt euch einander gegenüber und klinkt euch aus dem Alltag aus. Konzentriert euch, atmet und entspannt euch und dann stellst du dir einen Gegenstand vor und dein Freund/deine Freundin soll dein gedankliches Bild von diesem Gegenstand mit seinen/ihren Gedanken auffangen. – Zugegeben, das ist nicht ganz einfach. Macht aber Spaß und manchmal klappt's auch. ☺

Was dir aber bestimmt auch schon öfter passiert ist, ist diese Situation: Du denkst an jemanden, und derjenige ruft dich dann kurze Zeit später an. Oder du hast an jemanden gedacht, und dann triffst du genau diese Person kurze Zeit später in der Stadt. Genau das sind die Anfänge von Telepathie.

Die Annahme ist diese: **Du kannst mit deinen Gedanken jemanden dazu bringen, dich anzurufen.**

Die interessante Frage ist: Wenn du an XY denkst, wird er/sie dich anrufen oder irgendwie Kontakt zu dir aufnehmen?

Ich trainiere meine telepathischen Fähigkeiten ...

Hallo Universum,
ich denke an ... Er/sie meldet sich bei mir.
Danke, liebes Universum.
Spannend! Und los geht's ...

Das klappt immer! Wenn es nicht gleich beim ersten Mal funktioniert, gib nicht auf. Bleib dran und übe das. **Du kannst mit Telepathie andere dazu bringen, dich anzurufen!** Das ist wahr. Und jeder kann das!

Telepathie-Datum: ______________________________

Anruf/Kontaktaufnahme: ________________________

Erfolgte Erfüllung: ______________________________

Erst gestern Abend habe ich an jemanden gedacht, von dem ich seit Monaten nichts gehört hatte und den ich unbedingt kurz sprechen wollte. Heute morgen, noch bevor ich mich an meinen Schreibtisch gesetzt habe, hat er mich angerufen. Ich sag ja, das klappt immer. ☺

Lisa hat mir erzählt, sie wollte unbedingt einen gewissen David treffen. Sie hat das beim Universum bestellt. Sie hat bestellt: »Ich treffe David. Beweis mir das, liebes Universum.« Und dann ist etwas Lustiges passiert. Sie hat David innerhalb der gewünschten Zeit nicht persönlich getroffen, aber auf einmal haben alle möglichen Freunde und Bekannte von sich aus von David erzählt. Von David, der eigentlich seit Jahren keine Rolle mehr in ihrem Freundeskreis und ihrem Leben spielte.

Das ist interessant. Lisa hat also mit ihren Gedanken an David durchaus viel bewirkt, nur zu dem persönlichen Treffen ist es nicht gekommen. Aber da könnte ich wetten: noch nicht.
Wer weiß, warum es noch nicht geklappt hat. Das hatte sicher einen Grund. (Wie alles, was nicht sofort klappt.)

Roswitha geht inzwischen noch weiter: Sie ruft nicht mehr an – wenn sie mit jemandem sprechen möchte, denkt sie intensiv an diese Person, bis diese Person anruft. Das klappt in 85 Prozent der Fälle, wie sie sagt.

Gedankenübertragung – das ist es.

Dein neues Ich weiß oder ahnt, dass Telepathie in der Zukunft normal sein wird. Hilfsmittel braucht die Menschheit irgendwann nicht mehr. Telepathische Fähigkeiten sind wunderbar – doch im Moment sollten wir es auch noch genießen, dass nicht jeder Depp und jede Firma unsere

kompletten Gedanken lesen kann. Nichtsdestotrotz: Es macht einen Riesenspaß, Telepathie zu trainieren.

Du kannst Telepathie auch in deinem näheren Umfeld, z. B. in deiner Familie, trainieren (aber auf eigene Gefahr ☺). Fühle dich in deinen Partner/Freund, in dein Kind oder wen auch immer ein. Werde ruhig und leer und versuche, seine/ihre Gedanken zu empfangen.

Es gibt viele Möglichkeiten, die telepathischen Fähigkeiten zu trainieren. Mach einfach das, was dir Spaß macht.

Und bedenke, alles ist möglich.
Das Universum braucht keine Telefone.

Übrigens:

Du kannst übrigens beim Universum nur für dich selbst bestellen. Du kannst leider nichts für einen anderen Menschen anfordern. Das brauchst du gar nicht erst zu versuchen. Etwas für einen anderen Menschen zu manifestieren, ist gegen die Regeln. (Auch wenn es eigentlich keine Regeln gibt. ☺) Das hat etwas damit zu tun, dass man sich nicht einmischen darf. Du kannst außerdem keine Verantwortung für das Leben eines anderen Menschen übernehmen, und du darfst ihm auch nicht deine Wünsche aufzwingen. Weder deinen Kindern noch deinem Partner oder sonst jemandem.

Aber, was du machen kannst, ist Folgendes: Du kannst demjenigen von deinen Glücksexperimenten und deinen Erfolgen erzählen. Du kannst ihm von der Zusammenarbeit mit dem Universum berichten. Das Experimentieren und Manifestieren ist höchst ansteckend. Und dann könnt ihr zusammen etwas bestellen.

Die 8: ein Türöffner zum Universum: 8e auf die 8

Achtsamkeit ist heute ja in aller Munde. Das ist schon mal sehr gut. Du kannst gar nicht achtsam genug mit dir umgehen. Liebevoll und achtsam.

8sam mit dir selbst

8sam mit deiner Umgebung

8sam mit deinem Zuhause

8sam mit deinem Heute, mit deinem Jetzt – es gibt nur das Jetzt!

Leonie zum Beispiel hat sich einen guten Trick einfallen lassen, um sich selbst immer wieder daran zu erinnern, achtsam zu sein. Jedes Mal, wenn sie eine 8 sieht, erinnert sie sich selbst daran, achtsam zu sein. Seitdem hat sie das Gefühl, dass vor ihr an der Ampel immer öfter Autos mit dem Nummernschild 888 halten. ☺

Also 8e auf die 8, dann klappt's auch mit der 8samkeit.

Eine 8 ist ein liebevoller Wink des Universums.

Achte auf dich. Achte auf die Zeichen. Und spiele das 8-Spiel: Jedes Mal, wenn du eine 8 siehst – achte ganz kurz auf die Qualität deiner Gedanken und Gefühle. Was denkst du gerade? Was fühlst du gerade? Bist du konstruktiv und positiv? Wunderbar!

Wenn du schon dabei bist: Achte auch auf den **zweiten Blick**. Du wirst sehr interessante Menschen treffen. Sei aufmerksam – manche und manches erkennen wir erst auf den zweiten Blick. Wir Menschen sind oft in der Oberflächlichkeit verhaftet und schauen nicht immer tief und sorgfältig genug hin. Dabei lohnt es sich, ab und zu etwas genauer hinzuschauen, den Blick nicht sofort wieder abzuwenden. Einfach mal einen zweiten Blick riskieren.

Hallo Universum,

ich treffe einen sehr interessanten Menschen.
Ich erkenne ihn.
Heute oder morgen.

Danke, liebes Universum.

Und los geht's ...

Da bin ich gespannt. Wer wird das wohl sein?

Begegnung: Wer Wann Wo

____

____

Hey Universum! Ich bekomme noch eine Tasse von dir! Und wenn du schon dabei bist, kannst du auch die Flaschenpost gleich mitbringen!

Mal sehen, ob jetzt endlich geliefert wird. ☺
P. S.: Die Flaschenpost wurde übrigens geliefert, eine spektakuläre Flaschenpost sogar. Einige Tage nach meiner »Auftragswiederholung« ging der folgende Bericht mit Foto durch die Medien: Älteste Flaschenpost der Welt gefunden: Im Juni 1886 wurde vom deutschen

Forschungsschiff Paula eine Flaschenpost ins Meer geworfen mit der Bitte, der Finder möge sich melden. Jetzt wurde diese Flaschenpost an Australiens Westküste von einer Spaziergängerin entdeckt – 132 Jahre später! ☺

Bist du ein Wunderdoktor?

Es gibt keinen Weg zum Glück.
Glücklich sein ist der Weg.
(Buddha)

Dein Denken wirkt sich nicht nur im Universum aus, sondern auch auf deinen Körper. Das ist in zweierlei Hinsicht interessant. Denn erstens ist es für deinen Körper von Vorteil, wenn du dich nicht ärgerst und aufregst. Einleuchtend. Jedes Mal, wenn du dich ärgerst, vergiftest du ungewollt dich selbst. Du vergiftest mit schlechten Gefühlen jede einzelne deiner Zellen. Jedes Mal aber, wenn du gute und glückliche Gedanken denkst und schöne Gefühle fühlst, werden deine Zellen mit positiver Energie gefüttert. Du vergoldest deine Zellen. Das ist eine regelrechte Frischzellenkur.

Das ist die eine Seite.

Aber was jetzt kommt, ist noch viel interessanter und geht noch viel weiter. Denn zweitens haben Wissenschaftler endlich nachgewiesen, dass Gedanken Körpervorgänge beeinflussen. Du kannst mit zielgerichteten Gedanken wirklich Unglaubliches in deinem Körper bewirken. Dein Denken wirkt sich direkt auf deinen Körper aus.

Du kennst bestimmt das Experiment mit dem Muskelaufbau? Gruppe 1 geht ins Fitnessstudio und trainiert gezielt mit speziellen Übungen ihre Muskeln. Gruppe 2 bleibt im Labor und stellt sich in der gleichen Zeit genau diese Übungen vor. Der Versuch lief über zwei Monate. Ob du es glaubst oder nicht: Beide Gruppen erzielten die gleichen Resultate. Die gezielten Gedanken haben den Muskelaufbau manifestiert – genauso wie die tatsächlichen Übungen!

Unsere Gedanken beeinflussen Körpervorgänge!

Dann stelle ich mir jetzt gezielt vor, dass ich einen flachen Waschbrettbauch habe. ☺

Das Katheter-Phänomen

Ärzte in Kalifornien haben eine fast unglaubliche Entdeckung gemacht. Ein Patient mit Herzbeschwerden sollte einen Katheter gesetzt bekommen. Der Patient wurde für diesen Eingriff vorbereitet, in den OP geschoben, vom Chefarzt begrüßt und dann narkotisiert. Was er nicht

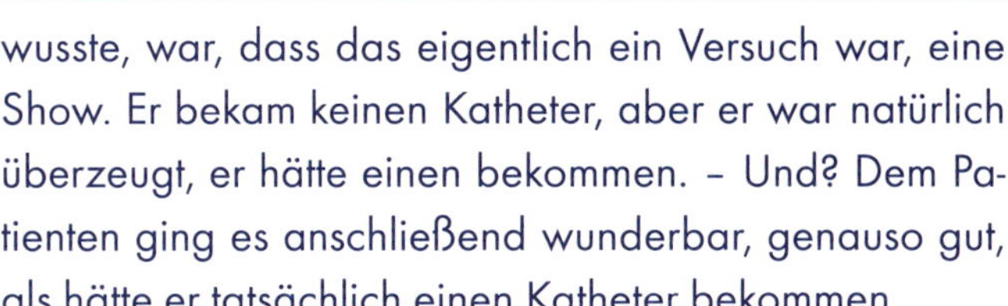

wusste, war, dass das eigentlich ein Versuch war, eine Show. Er bekam keinen Katheter, aber er war natürlich überzeugt, er hätte einen bekommen. – Und? Dem Patienten ging es anschließend wunderbar, genauso gut, als hätte er tatsächlich einen Katheter bekommen.
Das ist Wahnsinn! Unser Gehirn, dieses Schlitzohr. Wozu es in der Lage ist …!

Altes Ich: »So etwas kann nicht funktionieren. Das ist ein Zufall.« Ach ja?
Neues Ich: »Höchste Zeit, sich an die neuen Energien anzupassen. Höchste Zeit für Wunder.«

**Was kann dein Körper dann noch alles?
Ich vermute, er kann Wunder bewirken.**

Hallo Universum, wir testen dich.

Test 7: Bring es mir! Kosmischer Lieferservice

Und wieder geht es eine Stufe höher. Bis jetzt haben wir uns mehr darauf konzentriert, Dingen und Situationen zu begegnen. Die nächste Challenge: Das Universum soll uns etwas bringen. Liebes Universum – du bringst es mir! Am besten beginnen wir wieder mit etwas Machbarem und steigern uns dann langsam.

Die Frage ist die: Wenn du dir etwas Bestimmtes bestellst, bringt das Universum es dann zu dir nach Hause?

Ich schlage vor, wir bestellen Kuchen beim Universum: Jemand besucht mich überraschend und bringt Kuchen mit. Komm, das ist gut, das machen wir:

Liebes Universum,

jemand bringt Kuchen.

Du hast zwei Tage Zeit.

Und los geht's ...

Kuchenbestellung: ______________________

Erfolgte Erfüllung: ______________________

Kuchen habe ich bisher noch nicht bestellt. Da freue ich mich jetzt drauf. Ich habe schon richtig Appetit auf ein leckeres Stückchen Kuchen. Hmm, yummy. (Und schon kribbelt es wieder. ☺)

Hier mein Auftrag, liebes Universum:

Hallo Universum,

jemand bringt mir Kuchen.
Schicke mir jemanden, liebes Universum.
Ich freu mich schon.

Danke, liebes Universum.

Meine Kuchenbestellung: 18.2.

Zeit bis zur Lieferung: 2 Tage

Bin ja mal gespannt, wen mir das Universum vorbeischickt. Und welchen Kuchen es für mich aussucht. ☺

Erfolgte Erfüllung: Ich hatte zwar Besuch, aber die haben keinen Kuchen mitgebracht. Ich hatte das – nach meinem Auftrag – insgeheim erwartet. Nun ja, dann eben nicht. Dann habe ich das mit dem Kuchen auch vergessen. Aber jetzt kommt es: Gestern, eine Woche, nachdem ich meine Bestellung abgeschickt hatte, kam tatsächlich der Mann einer Freundin mit einem Blech voller Kuchen. Einfach so – aus heiterem Himmel. Ich hatte meinen Auftrag schon fast wieder vergessen. Der Zusammenhang zwischen meinem eine Woche alten Auftrag und diesem Kuchen wurde mir auch erst nach einer gewissen Zeit klar. Wir können gar nicht aufmerksam genug sein.

Dieses Universum spielt den ganzen Tag mit uns.
Die Lieferung frei Haus kam zwar nicht innerhalb von zwei Tagen, aber dennoch – erfolgte Erfüllung: 100 %. Es war übrigens Eierlikörkuchen – köstlich. ☺

So öffnest du die Tür zum Universum:

Erwartungsfreie Zone. Einfach frei sein

Die besten Ergebnisse erzielst du, wenn du völlig frei von Erwartungen bist. **Die Kunst ist es, fokussiert und gleichzeitig nicht fokussiert zu sein:** fokussiert auf dein Ziel und gleichzeitig nicht fokussiert auf den Weg der Erfüllung!

Ein Beispiel: **Samantha** wollte unbedingt mit Leon zusammen sein. Sie hat das beim Universum bestellt und zusätzlich noch visualisiert. Sie hat sich immer vorgestellt, wie sie mit Leon in Urlaub fährt, wie sie mit Leon essen geht, wie sie mit Leon ...
Es kam, wie es kommen musste: Samantha und Leon kamen zusammen. Das Universum erfüllte Samanthas Bestellung. Samantha ließ ja auch nicht locker. – Nur, was Samantha nicht wusste, war, dass sie und Leon in Wahrheit nicht zusammenpassten. Und zwar wirklich nicht. So trennten sie sich nach einiger Zeit wieder.

Das ist ein Beispiel dafür, dass es wesentlich besser ist, dem Universum Möglichkeiten für die bestmögliche Lieferung offen zu lassen. Besser wäre diese Bestellung für Samantha gewesen: Sie bestellt sich beim Universum den für sie passenden Partner. Jetzt hätte das Universum den passenden Partner ausgesucht und ihr vorbeischicken können. Das Universum hat somit ganz andere Möglichkeiten. Mit der genauen Vorgabe begrenzt du das Universum.

Du fragst, warum das Universum Samantha nicht »beschützt« und Leon einfach nicht geliefert hat? Warum das Universum ihr nicht einfach einen anderen passenden Mann geschickt hat? Weil Samantha so auf Leon fixiert war, dass sie einen anderen gar nicht wahrgenommen hätte. Sie brauchte diese Erfahrung. Sie brauchte die »Ent-Täuschung«, um von ihrem eigenen Willen abzukommen.

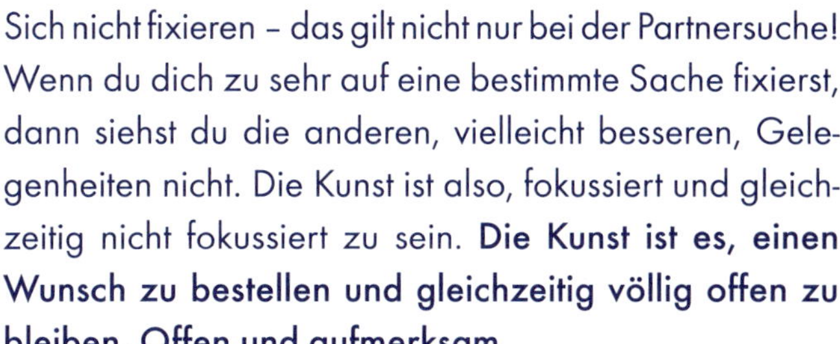

Sich nicht fixieren – das gilt nicht nur bei der Partnersuche! Wenn du dich zu sehr auf eine bestimmte Sache fixierst, dann siehst du die anderen, vielleicht besseren, Gelegenheiten nicht. Die Kunst ist also, fokussiert und gleichzeitig nicht fokussiert zu sein. **Die Kunst ist es, einen Wunsch zu bestellen und gleichzeitig völlig offen zu bleiben. Offen und aufmerksam.**

Schau dir mal deine Erwartungshaltung genauer an: Denke einen Moment an einen Wunsch, der dir viel bedeutet – an die Erfüllung dieses Wunsches. Und? Bist du fokussiert und gleichzeitig nicht fokussiert? Lässt du das Wie offen? Lässt du es offen, wie das Universum deinen Wunsch erfüllt? Denn je mehr Möglichkeiten du dem Universum offen hältst, umso besser kann es liefern. Und wenn du nicht immer nur deinen eigenen Willen durchsetzen willst, dann ersparst du dir eine Menge »Ent-Täuschungen«.

Du machst nichts falsch!

Es soll dir gut gehen – du solltest keinen Druck empfinden. Du sollst bei einer Bestellung nie auch nur den Hauch von Druck spüren oder ausüben. Kein Druck, vor allen Dingen kein Druck auf dich selbst!

Wenn sich etwas nicht sofort erfüllt oder irgendetwas nicht so klappt, wie du es dir vorgestellt hast, denkst du doch, wenn du ehrlich bist: ›Was mache ich nur falsch?

Wieso klappt es bei den anderen und bei mir nicht?‹ – Das ist dein altes Ich, das sich da mal wieder zeigt.

Mach dir aber bewusst: Druck und diese Gedanken verhindern, dass geliefert wird. Druck und diese Gedanken bauen eine Mauer um dich herum – eine Mauer ohne Tor, ohne Eingang. Da kommt der Lieferdienst leider nicht rein. **Stell dir vor, du bestellst eine Pizza. Die wird auch geliefert, aber dein Eingang ist leider zugemauert. Die Fenster hast du sicherheitshalber auch zugemauert. Und nun?**

Lass los. Lass jede Form von Druck los. Lass dich fallen. Lass dich fallen in die Hände des Universums. Du musst im Moment nichts tun. Vertraue und genieße das Leben. Genieße diesen Moment. Es ist dein Moment.

Lasse jeden Druck von dir abfallen.

Das ist eine echte Herausforderung. Du glaubst gar nicht, wie viel Druck in deinem Körper schlummert. An allen Ecken und Enden hat sich der Druck festgesetzt. Auf deinen Schultern, da hockt er auch gerne. Kannst du ihn spüren? Dann schüttle deine Schultern mal, damit der Druck merkt, dass er sich verziehen soll.
Druck kann sich überall bemerkbar machen: in deinem Magen, in allen Organen, auch in der Haut. Du kannst vor lauter Druck Pickel bekommen oder Ausschlag oder sonst etwas. Was der Druck auf jeden Fall schafft, ist: Er vertreibt jede Form von Spaß und Freude.

Die Frage ist aber doch: Woher kommt dein Druck eigentlich?War der schon immer da? Oder ist es in letzter Zeit schlimmer geworden? Üben andere Personen Druck auf dich aus? Und wenn ja, wer genau? Darf diese Person das? Warum lässt du das zu?
Oder kann es vielleicht sein, dass du dir selbst den größten Druck machst? Kann es sein, dass der Druck aus dir selbst kommt? Du setzt dich selbst unter Druck – aber warum eigentlich?

Weil du es den anderen recht machen möchtest?
Weil du denkst, dass du sonst deinen Job verlierst?
Weil du glaubst, dass das von dir erwartet wird?
Weil du glaubst, sonst nicht geliebt zu werden?

Geh mal in dich und schaue, ob sich irgendwo ein Druckgefühl eingeschlichen hat.

Und jetzt machen wir einen Selbstversuch. Du lässt dich heute von keiner Person und keiner Situation unter Druck setzten – auch nicht von dir selbst. Sobald du auch nur den Hauch von Druck spürst, stellst du dich neu ein. Du schaffst das! Für Druck stehst du nicht mehr zur Verfügung. Du hast gar keine Zeit mehr dafür. Du musst Spielchen mit dem Universum spielen.

Heute lebe ich auf meine Art und in meinem Rhythmus. Das beweise ich mir selbst.

Kampf trennt dich vom Universum

»Lass mich in Ruhe, Kampf. Hier ist eine kampffreie Zone.« – Du kannst aufhören zu kämpfen. Zu jeder Zeit. Sogar mitten im Kampf kannst du einfach aufhören zu kämpfen. Sage dir: »Ich stehe dafür nicht mehr zur Verfügung. Sollen die anderen mit sich selbst kämpfen – ich lasse mich nicht mehr bekämpfen und ich kämpfe auch nicht mehr.«

Kampf kostet zu viel Energie und macht auf Dauer krank. Beenden wir unsere Kämpfe (auch unsere inneren Kämpfe – oder sogar besonders unsere inneren). Während wir kämpfen, verpassen wir zu viel. Jeder Kampf trennt uns vom Universum. In der Zeit könntest du besser das Manifestieren üben und perfektionieren – dann hat sich die Sache mit den Kämpfen sowieso erledigt.

Die Frage ist aber auch: Sind die äußeren Kämpfe, in die du verwickelt bist, vielleicht Ausdruck eines inneren Kampfes, den du austrägst? Ist der äußere Kampf ein Spiegel deines inneren Kampfes?
Das kannst nur du herausfinden. Frag doch das Universum. Es soll dir eine Antwort schicken.

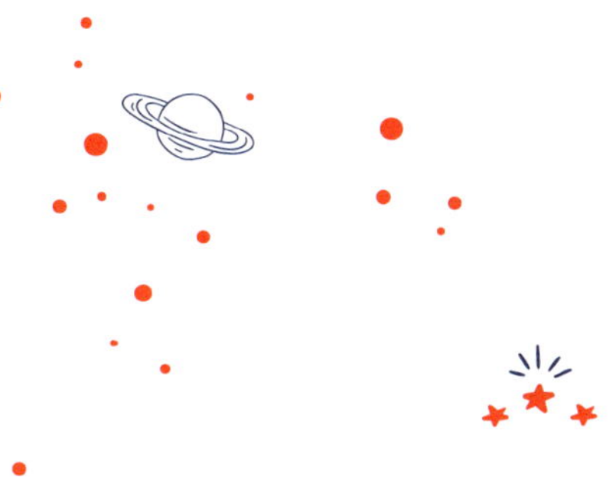

Hallo Universum, wir testen dich.

Test 8: Die richtige Person ins Leben ziehen

Alles ist mit allem verbunden.
Wenn aber alles miteinander verbunden ist, dann kann das nur eins bedeuten:
Auch du bist mit allem verbunden. Auch du bist mit jedem verbunden!

Das Alles-ist-mit-allem-verbunden-Prinzip

Wenn du mit jedem verbunden bist, dann bedeutet das weiter: Du kannst theoretisch Menschen in dein Leben ziehen, die für dich wichtig und richtig sind.

Das wäre ja toll, Universum!

Die Frage ist, zum Beispiel in beruflicher Hinsicht, diese: Kann ich jemanden bestellen, der mich beruflich unterstützt und mich fördert? Kann ich die Person bestellen, die genau jetzt die richtigen Weichen für mich stellt? Probieren wir es aus ...

Hallo Universum,

es tritt jetzt die Person in mein Leben, die mich in meiner beruflichen Karriere entscheidend weiterbringt.

Und zwar innerhalb der nächsten 7 Tage.

Ich freue mich sehr drauf, liebes Universum.

Danke.

Das klingt vielversprechend! Das Universum schickt dir jetzt genau die Person, die du brauchst.

Jetzt aufgepasst! Sei aufmerksam. Diese Person wird nun deinen Bereich betreten. Spannend.

Auftragstag: ______________________________

Erfolgte Erfüllung, Begegnung: ____________________

Wenn es nicht in sieben Tagen geschieht, dann werde nicht unruhig. Du begegnest dieser Person genau zum richtigen Zeitpunkt. Vertraue dem Universum – es weiß, was es tut.

Karl ist es so ergangen: »Ich habe vor Jahren eine zeitintensive berufliche Weiterbildung absolviert. Ich hatte mir vorgenommen, mich später einmal auf diesen Bereich zu spezialisieren. Wie genau ich das machen würde, war mir nicht klar. Ich stellte mir aber vor, dass es schon irgendwie klappen und ich den richtigen Personen begegnen würde.
Einige Jahre später, genau zum richtigen Zeitpunkt in meinem Leben, klingelte es an meiner Tür und da stand jemand, der jemanden mit genau meiner Qualifikation benötigte. Der genau mich für eine Zusammenarbeit brauchte. Diese Person klingelte einfach an meiner Tür. Er hatte ›zufällig‹ von mir gehört. Ich frage mich nur: Wer hat hier wen in sein Leben gezogen?«

Jan und Lara haben das auch erlebt. Jan erzählt: »Wir brauchten für unser Start-up dringend einen Investor. Wir waren an einem Punkt angekommen, an dem die Entwicklung ohne eine Finanzspritze nicht weitergehen konnte. Leider erwies es sich aber als äußerst schwierig, einen Investor zu finden. Kurz bevor wir mit den Nerven am Ende waren, sagte Lara: ›So, ich bestelle jetzt den genau richtigen Investor beim Universum.‹ Darüber konnte ich ehrlich gesagt nur müde lächeln. Aber ... es hat wirklich geklappt! Wir haben inzwischen zehn Angestellte und es sieht gut aus – sehr gut!«

Das Du-läufst-in-anderen-Schuhen-Prinzip

Das zeige ich dir, liebes Universum!

Gurudschi zitiert immer wieder gerne den Spruch von Mahatma Gandhi: »Urteile nicht über jemanden, in dessen Schuhen du nicht gelaufen bist.« – Kennst du diesen Spruch? Er bedeutet: Wir haben kein Recht über irgendeinen Menschen zu urteilen. Wir kennen sein Leben nicht, nicht seine Vergangenheit, nicht seine Motive für sein Verhalten.

Doch das tägliche Leben ist ein einziges Urteilen, Beurteilen. Das fängt schon bei den Likes an – Daumen hoch, Daumen runter. Was trägt er oder sie? Wie verhält er oder sie sich? Ist er meiner Meinung oder nicht? Hast du schon gehört, XY hat dies und jenes gemacht!

Dieses irdische Spiel – das ständige Urteilen, Bewerten, Vergleichen unter den Menschen ist kontraproduktiv. Ich weiß, dass du das weißt. Aber unser altes Ich fällt immer wieder in diese alten Denkgewohnheiten zurück. Es vergleicht sich in der Hoffnung, selbst ein wenig besser da-

zustehen als der oder die andere. Dabei ist das Vergleichen total unnötig. Denn du wurdest nicht geboren, um jemand anderer zu sein. Dein neues Ich weiß das. Dein neues Ich weiß, dass du nur du sein sollst – genauso wie du bist. Lass die anderen sein, wie sie sind. Im Grunde geht es dich und mich nichts an.

Die Frage ist doch die: Was geschieht mit deiner Energie, wenn du über andere urteilst und etwas oder jemanden bewertest? Was passiert in diesem Moment, und was ziehst du dann aus dem Universum an?

Das Urteilen trennt dich vom universellen Fluss. Der, über den du urteilst, ist ja genauso Teil des Universums wie du. Hinzu kommt noch, dass du eigentlich überhaupt keine Zeit hast zu urteilen. In der Zeit, in der du urteilst, bist du vom positiven Fluss des Universums getrennt. Das lohnt sich nicht. Jedes Mal, wenn ich mich heute beim Urteilen oder Bewerten erwische, höre ich sofort auf und öffne stattdessen gedanklich die Tür zum Universum.

Hier ist ein Punkt gekommen, an dem das Universum und wir die Rollen tauschen – jetzt bist du dran mit dem Beweisen. Jetzt wird aus »Zeige es mir, liebes Universum«: **Ich zeige es dir!**

> *Ich lebe im universellen Fluss und laufe nur in meinen Schuhen.*
> *Ich zeige dir das, liebes Universum.*

Na, dann mal los ...

Die anderen lassen, wie sie sind – das ist ein Türöffner zum Universum.

~ Selbstversuch ~

Jedes Mal, wenn du über einen anderen Menschen urteilst, denkst du an die Schuhe und änderst dein Denken.

Wunscherfüllungsbeschleuniger

Vertrauen

Bist du ein kleiner Kontrollfreak? Vertrauen ist ein Wunscherfüllungsbeschleuniger. Der Schlüssel zur Erfüllung.

Woran liegt es, dass es vielen von uns so schwerfällt zu vertrauen? Woher kommt das?

Michael: »Ich verstehe das gar nicht. Ich weiß genau, dass ich mir etwas vom Universum wünschen kann und den Wunsch auch nur einmal aussprechen muss. Und trotzdem habe ich das Bedürfnis, meinen Auftrag ständig zu wiederholen, weil ich sichergehen möchte, dass das Universum meine Bestellung auch wirklich hört und nicht vergisst.«

Vertrauen, Michael. Dir fehlt das tiefe Vertrauen. Du handelst nach dem Verhaltensmuster, das uns antrainiert wurde: Vertrauen ist gut – Kontrolle ist besser. **Du kannst aber das Universum nicht kontrollieren** – es gibt auch keinen Grund dafür. Lass los und vertraue.

Ich weiß, dass das eine sehr schwierige Stelle ist. Uns wurde beigebracht, alles zu kontrollieren, wir sind nur gut und erfolgreich, wenn das Controlling gut ist. Sonst haben wir das Gefühl, dass die Dinge außer Kontrolle geraten. Die Kontrolle steht weit über dem Vertrauen.
Was ist da eigentlich passiert? Was haben wir uns für eine Welt geschaffen, in der Vertrauen als Naivität abgetan wird?

Auch, wenn du das Gefühl hast, auf dieser Erde – manche nennen sie auch Haifischbecken – nur sehr wenigen Menschen wirklich vertrauen zu können, für das Universum gilt das nicht.
Kontrollieren kannst du auf der Erde.
Im Universum musst du vertrauen!

Tiefes Vertrauen zieht die Erfüllung und Manifestation deines Wunsches magnetisch an. Durch dein unerschütterliches Vertrauen öffnest du dem Universum zudem noch viele weitere Möglichkeiten, dich zu überschütten. **Durch dein unendliches Vertrauen in das Wirken des Universums öffnest du die Tür zu unendlichen Möglichkeiten.**

Vertrauen ist der Schlüssel zur Erfüllung. Im Vertrauen steckt das Loslassen, während du gleichzeitig fokussiert bist.
Deshalb schicken wir deinen allergrößten Wunsch jetzt noch einmal mit tiefem Vertrauen ins Universum.

Beispiel für einen Auftrag:

> *Liebes Universum,*
>
> *ich lebe in einer glücklichen Partnerschaft.*
>
> *Danke für die Erfüllung.*

> *... ich habe meinen Traumjob.*
>
> *Danke für die Erfüllung.*

> *... ich lebe in meinem Traumhaus.*
>
> *Danke für die Erfüllung.*

Oder ein anderer ganz persönlicher Wunsch:

> *Liebes Universum,*
>
> *ich* ______________________________
>
> *Danke für die Erfüllung.*

Und jetzt lässt du voller Vertrauen los und lässt deinen Wunsch fliegen. Es passiert, wenn es passieren soll. Dein Vertrauen kann durch nichts irritiert werden, weil **du weißt**, dass dein Wunsch zum genau richtigen Zeitpunkt erfüllt werden wird. Statt zu zweifeln oder zu drängeln, unterstützt du das Universum durch deine konstruktiven Gedanken und das Stell-dir-vor-Prinzip. Du und das Universum – gemeinsam seid ihr das Manifestations-Expertenteam. Jetzt ist alles möglich!

Das Die-Nacht-ist-genial-Prinzip:
Das Universum spricht mit dir

Das Universum spricht mit uns. Es spricht mit uns auch in unseren Träumen. Denn Träume sind nicht nur zum Verarbeiten des Erlebten da. Träume sind auch eine Verbindung zum Universum. Nachts kannst du in deinen Träumen die genialsten Einfälle und Geistesblitze bekommen. Das ging nicht nur Einstein so. Nachts kannst du in die Zukunft blicken.

Milena hat alles gesehen: In einer schwierigen Phase ihres Lebens hatte Milena eines Nachts fast seherische Fähigkeiten. Sie hat im Traum alles genau gesehen: Wie ihr Mann mit seiner Freundin in Urlaub fuhr. Sie hat den Ort gesehen, sie hat das Hotel gesehen, alles – ganz klar.

Verona hat geträumt, dass ihre Schwester heiratet und wen sie heiratet, lange bevor diese einen Partner hatte.

Stefanie hat gleich zu Beginn ihrer Schwangerschaft geträumt, dass ihr Baby ein Mädchen ist und an welchem Tag es geboren wird.

Deine Träume öffnen manchmal den Vorhang, und du kannst einen kurzen Blick in die Zukunft werfen. Deine Träume können dir gegebenenfalls auch Lösungsmöglichkeiten für Probleme offenbaren. In deinen Träumen bekommst du Hinweise. Die Nacht, das Universum und du – da geht was!

Viele Menschen behaupten, sie würden nicht träumen. Aber das stimmt nicht. Jeder Mensch träumt. Die meisten vergessen die Träume nur. Du kannst aber trainieren, dich an deine Träume zu erinnern. Der erste Schritt dahin ist: Morgens, nachdem der Wecker geklingelt hat, nicht gleich aus dem Bett springen, ins Badezimmer eilen und in den Tag starten. Denn dann hast du deinen Traum – und damit seine Botschaft an dich – schnell vergessen. Ein guter Trick ist es, fünf Minuten früher aufzuwachen. 5 Minuten vor deinem Wecker. Du kannst dich programmieren aufzuwachen, 5 Minuten, bevor dein Wecker klingelt. In diesen 5 Minuten wirst du langsam wach und erinnerst dich an deinen Traum. Jetzt kannst du die Botschaften deiner Träume nutzen.

Ich höre gerade dein altes Ich. Es sagt: »Ich werde nie und nimmer fünf Minuten vor meinem Wecker aufwachen. Ich bin morgens immer so müde.« Wetten dass doch? Dein neues Ich weiß, dass es geht. Abends vor dem Einschlafen sagst du dir: »Morgen früh wache ich fünf Minuten, bevor mein Wecker klingelt, auf und erinnere mich haargenau an meinen Traum.« Das klappt wirklich! Ich habe das selbst ausprobiert, und jetzt wache ich jeden Tag genau fünf Minuten vor dem Weckerklingeln auf.

Schreibe deinen Traum morgens dann sofort auf. Zu Beginn ist es nämlich so, dass du dich vielleicht im ersten Moment noch an deinen Traum erinnerst, dann kommt dir aber ein anderer Gedanke in den Kopf und der Traum löst sich in Luft auf. Weg ist er. Deshalb schreibe deinen Traum auf – damit trainierst du die Erinnerung.

> Liebes Universum,
>
> ich erinnere mich an meinen Traum und an deine Botschaft.
>
> Danke.

Mein Traum: ______________________________

____

____

____

Nach und nach wirst du in deinen Träumen unendlich wertvolle Hinweise vom Universum erhalten.
Schon die gute Hildegard von Bingen hat festgestellt:
»Du hast in dir den Himmel und die Erde.«
Wir sagen dazu:

Du hast in dir das Universum und die Erde.

Lebe dein Verbundensein. Das war von Anfang an der Plan!

Hallo Universum, wir testen dich.

Test 9: Hinterm Horizont geht's weiter

»Das Leben ist ewig; und die Liebe ist unsterblich; und der Tod ist nur ein Horizont; und der Horizont ist nichts weiter als die Grenze unseres Sehvermögens.«
(Rossiter Worthington Raymond)

Das Hinter-dem-Horizont-geht's-weiter-Prinzip meint: Du kannst mit Verstorbenen Kontakt aufnehmen. Es gibt ein untrennbares Band zwischen den Lebenden und den Vorausgegangenen. Deshalb nehmen wir Folgendes an: Die Verstorbenen sind noch mit uns Lebenden verbunden. Die Frage ist dann: Kann es sein, dass du Kontakt zu Verstorbenen aufnehmen kannst? Und daraus entsteht gleich die nächste Frage: Wenn du mit Verstorbenen in Kontakt trittst, werden sie dir antworten?

Das Hinter-dem-Horizont-geht's-weiter-Experiment:
Stufe 1: In den nächsten 2 Tagen kannst du darauf achten, ob du die Anwesenheit von Verstorbenen fühlst. Halte Ausschau nach Zeichen. Wobei: Zeichen sind absolut individuell. Nur du kannst wissen, welches ein Zeichen deiner vorausgegangenen Person ist. Nur du kannst diese Zeichen erkennen. Zeichen können sein: Lieder, Musikstücke, Gerüche, bestimmte Aussagen, Hinweise, Bilder ... Glaub mir, du wirst die Zeichen erkennen!

So, liebes Universum. Jetzt bist du dran.

> Liebes Universum,
>
> ich habe Kontakt zu dem Verstorbenen (hier kannst du auch einen Namen einsetzen, wenn du möchtest) und erhalte Zeichen.
>
> Vielen, vielen Dank dafür.

Ein spannender Moment: Du trittst jetzt in Kontakt mit der nicht sichtbaren Welt.

Auftragstag: ______________________________

Erfolgte Erfüllung: ___________________________

Julia zum Beispiel hat erkannt, dass ihr Vater ihr jedes Mal, wenn es ganz wichtig ist, einen Regenbogen schickt.

– Du denkst jetzt, dass das nicht geht? Regenbögen gibt es nur bei bestimmtem Wetter? (Da ist es wieder, dein altes Ich.) Es ist aber so. Julias Vater schickt ihr an ganz besonderen Tagen einen Regenbogen. Und nicht nur ihr, auch ihren Kindern, also seinen Enkelkindern. An Geburtstagen, an Tagen mit wichtigen Entscheidungen – immer gibt es urplötzlich irgendwo einen Regenbogen. Und wenn es keinen Regenbogen draußen gibt, dann läuft garantiert irgendwo der Song: Over the rainbow. Und dann wissen sie: Alles ist gut.

Sarah erzählt, dass sie mit ihrer Omi ganz fest verbunden ist. Oft fragt sie sie um Rat – oder einfach nur, ob sie da ist. Und dann wartet sie auf ein Zeichen. Häufig läuft dann ein bestimmtes Lied im Radio – das Lied. Das Lied, das Sarah mit ihrer Omi verbindet. Dann weiß sie, dass sie Verbindung hat, und dann weiß sie, dass ihre Omi immer da und alles gut ist.

Mira nimmt immer einen bestimmten Geruch wahr. Einen Rosenduft. Dann weiß sie, dass ihre Mutter da ist. Ihre Mutter benutzte stets ein Parfüm, das nach Rosen duftete. Mira verbindet mit dem Duft ein glückliches Zuhause-Gefühl.

Alexandra ist eng mit ihrem Vater verbunden. Jedes Mal, wenn sie einen bestimmten Ausspruch in einer Zeitung oder im Netz liest, hat sie das tiefe Gefühl, dass ihr Vater an ihrer Seite ist und sich mit ihr unterhält.

Es gibt so viele Zeichen und Varianten, wie es Menschen gibt. Jede Beziehung ist schließlich einmalig und nicht zu wiederholen. Jede Verbindung zwischen zwei Menschen gibt es nur einmal. Deshalb sind eure Zeichen auch etwas sehr Intimes und sehr Besonderes.

Es hat etwas wunderbar Befreiendes, Kontakt in die andere Welt zu bekommen. Ich vermute, es ist für beide Seiten sehr befreiend. Stell dir mal Folgendes vor: Du bist tot, also vorausgegangen, du hast eine andere Form angenommen. Du siehst aber noch, was alles auf der Erde geschieht. Vielleicht möchtest du deinen Kindern, deinem Partner oder anderen lieben Menschen etwas sagen oder einfach mal kurz mit ihnen sein. Sie hören dich aber nicht, weil sie erstens denken, das tot tot ist, und weil sie zweitens so beschäftigt und busy sind, dass sie dich nicht bemerken. Das wäre doch schade.

Du wirst es feststellen, gleich, wenn du die ersten Zeichen bemerkst, dann wirst du sie spüren, die Freude – auf beiden Seiten. Das fühlt sich an wie ein himmlisches Fest.

Es geht sogar noch weiter!

Du hast nun festgestellt, dass du tatsächlich Zeichen bekommst und Kontakt haben kannst. Allein das ist schon überwältigend! Jetzt kannst du aber sogar noch einen Schritt weitergehen und weiter experimentieren: Wenn

du möchtest kannst du der vorausgegangenen Person jetzt Fragen stellen.
Vielleicht hat er/sie einen Rat für dich oder möchte dir eine bestimmte Information mitteilen. Manchmal hatten die Verstorbenen vor ihrem Tod keine Gelegenheit mehr, dir etwas Wichtiges mitzuteilen. Also wenn du möchtest ...

Hier zwei Vorschläge für dich:

> *Liebe/r ...,*
>
> *bin ich in dieser Angelegenheit ... auf dem richtigen Weg?*
>
> *Danke für die Zeichen.*

Oder

> *Liebe/r ...,*
>
> *möchtest du mir irgendetwas sagen?*
>
> *Ich werde zuhören.*

Die Frage für dich ist doch diese: Wird ... mir einen konkreten Ratschlag geben bzw. möchte mir ... noch etwas Wichtiges mitteilen?

Wir setzen jetzt einmal voraus: Wenn ich mich einschwinge auf ..., dann werde ich eine Antwort erhalten.

Nun bist du dran: Dieses Mal musst du deine Frage selbst formulieren. Vielleicht gibt es ein Familiengeheimnis, das dich beschäftigt, oder sonst etwas. Frag, was du fragen möchtest:

____

____

____

Erhaltene Antwort:

____

____

____

Du hast für einen Moment die Grenzen überschritten.
Du hast die Grenzen der sichtbaren Welt überschritten.
Ein großartiger Moment.

Der Quantensprung.
Oder: Bestell dich glücklich

Du hast einen Quantensprung gemacht! Du bist von der Einstellung »das Leben passiert mir einfach« zu einem Manifestierer geworden. Herzlichen Glückwunsch!

Manchmal nenne ich das Universum meinen kosmischen Wunscherfüllungsshop. Dann bestelle ich mir dort etwas – und anschließend mache ich etwas völlig anderes. Alles, was ich nach der Bestellung noch tun muss, ist, die Tür zu öffnen, wenn die Ware – mein erfüllter Wunsch – geliefert wird.

Der Bezahlvorgang, die Voraussetzung für die Lieferung, erfolgt hier ja anders: Die Türöffner sind die Währung des Universums. Je mehr du die Türöffner beachtest, umso schneller geht es mit der Erfüllung.

Überlege bei allem, was du tust und denkst, immer dies:

**Mache ich damit die Tür
zum Universum auf oder zu?**

Das ist alles!

Es gab übrigens spirituelle Lehrer in Indien, die konnten aus dem Nichts, aus der Luft, Gegenstände materialisieren. Um zu beweisen, dass Manifestieren möglich ist, griff zum Beispiel ein bekannter spiritueller Lehrer mit einer Hand in die Luft und hielt anschließend eine Uhr oder einen Radiergummi oder etwas, das gerade zu der Situation passte, in seiner Hand. Und das waren keine Zaubertricks! Das war Manifestation bzw. Materialisierung in der schönsten Form.

Der einzige Unterschied zwischen dem spirituellem Lehrer und dir? Der einzige Unterschied zwischen dir und ihm ist der zeitliche Aspekt. Der Guru konnte es schneller.

Aber du kannst es jetzt auch. Du kannst Dinge und Situationen Wirklichkeit werden lassen. Und das auch noch völlig entspannt. Das Universum kümmert sich um alles.

Ist das nicht wundervoll?

Du bist nicht mehr Lieschen Müller. Du bist ein Manifestationsexperte. Du verdienst ein Manifestationsdiplom. Vielleicht sollten wir einen Manifestationskurs anbieten und der Abschluss wäre dann das Manifestationsdiplom. Mal sehen ...

Universum,

sollen wir das Manifestationsdiplom einführen?

Gib mir ein Zeichen!

Danke für alles, liebes Universum!

Und dir viel Freude bei der Erfüllung deiner Wünsche …!

Zum guten Schluss …

Der »Glücksmoment-Effekt«

Der Glücksmoment ist der Moment,
in dem dir tief in deinem Inneren klar wird, dass du im
völligen Einklang mit dem Universum lebst.

Im Einklang mit dem Universum zu leben,
das ist vielleicht das größte Glück!

Mach mit – sei dabei!

Folge mir auf Instagram, Facebook und YouTube:

gillanjana

Anjana Gill Sprechen Sie Kosmisch

Anjana Gill

www.anjanagill.de

Die Autorin

Die Bestsellerautorin Anjana Gill, geboren in Bonn, hat nach ihrem Abitur und anschließendem Betriebswirtschaftsstudium, Schwerpunkt Textil, als Geschäftsführerin und selbstständige Unternehmerin in der Modebranche gearbeitet. Inzwischen hat Anjana Gill zahlreiche Bücher erfolgreich veröffentlicht und sich als Expertin für Angelegenheiten zwischen Mensch und Universum einen Namen gemacht. Für Anjana Gill liegen Zauber und Erfüllung unseres Lebens darin, sich nicht von den oberflächlichen Dingen dieser Welt in die Irre leiten zu lassen, sondern die wirklich spannenden und aufregenden Geheimnisse zu entdecken.

Seit Jahrzehnten beschäftigt sie sich leidenschaftlich damit zu zeigen, dass es eine aufregende Verbindung zwischen Mensch und Universum gibt.

Ihr Motto: Alles ist möglich – wenn du mit dem Universum zusammenarbeitest.

Es gibt eine Verbindung, die unser irdisches Leben mit den scheinbar unbegrenzten Möglichkeiten des Universums vereint – spannend, aufregend, magisch, erfolgreich.

Wir und das Universum – da geht was … 

Weitere Titel von Anjana Gill

Anjana Gill

Liebes Universum, erfüll mir meinen Herzenswunsch

Die Instant-Erfolgs-Methode

Wir können dieselbe Sprache sprechen wie das Universum und uns so die Tür zu einem unfassbar schönen Leben öffnen! Universumsexpertin Anjana Gill zeigt dir mit ihrem Sprachkurs der besonderen Art, wie »Kosmisch« zu deiner zweiten Muttersprache wird. Mit Vokabellisten, vielen Tipps und praktischen Übungen führt sie dich in die Geheimnisse der kosmischen Sprache ein – und sorgt für eine endlich störungsfreie Kommunikation mit dem Universum. Und für jede Menge erfüllte Herzenswünsche!

224 Seiten, 2-farbig, broschiert · ISBN 978-3-96933-074-6

Anjana Gill

Ein Kurs im Wünschen – Deine Manifestationskarten

Ein ganzes Jahr im Universumsmodus

Spannende Spiele mit dem Universum spielen und dabei ganz nebenbei zu einem echten Manifestationsprofi werden? Das geht! Die Bestsellerautorin Anjana Gill zeigt dir, wie du deine Bestellungen beim Universum auf ein neues Level hebst.

Jede Woche erwartet dich eine Karte mit einer kurzweiligen Aufgabe, die dich zu einem Spiel mit dem Universum einlädt. So wird jede einzelne Woche zu einem Erfolgserlebnis, und deine Wünsche werden auf magische Weise Realität …

Das Universum ist immer an deiner Seite! Aber sieh selbst und zieh deine erste Karte … ☺

52 Karten, mit Begleitheft, in Box · ISBN 978-3-96933-038-8

Anjana Gill

Du und das Universum – da geht was!

Dein persönliches Wunscherfüllungsbuch

Das kreative Notizbuch zur Erfüllung deiner Wünsche!
Schreib es auf! Kann es sein, dass das Geheimnis hinter der Wunscherfüllung das Aufschreiben ist? JA! Aufgeschriebenes erfüllt sich besser und schneller.
In diesem magischen Wunscherfüllungs- und Manifestationsbuch zeigt Anjana Gill dir Beispiele aus ihrem eigenen privaten Wunscherfüllungsbuch. Sie gibt wertvolle Tipps zur erfolgreichen Formulierung, der Gestaltung einer zum Wunsch passenden Collage und sie zeigt dir Wunscherfüllungsbeschleuniger.
Schreib deine sehnlichsten Wünsche hier hinein – der Erfolg wird dich begeistern. Fast alles ist möglich – aber das bleibt unter uns. ☺

144 Seiten, 2-farbig, mit Farbteil, broschiert · ISBN 978-3-89845-642-5

Anjana Gill

77 Lifehacks zur Wunscherfüllung

Tipps & Tricks: Erfolg mit dem Universum

Profi-Tricks zur Wunscherfüllung!
Was immer auch dein Wunsch ist – es gibt 77 Tipps und Tricks für eine schnelle Erfüllung, die du unbedingt kennen solltest.
Anjana Gill zeigt dir diese Tipps und auch, welche Fallen und Hindernisse du unbedingt vermeiden solltest, die deine Erfüllung bisher vielleicht verhindert haben.
Nimm dieses Buch einfach in deine Hände und frage, was du gerade beachten sollst – und nun schlage eine Seite auf. Jetzt kann die Erfüllung nichts mehr stoppen – nicht einmal deine alten Glaubenssätze.
In 3 Monaten sieht deine Welt ganz anders aus.
Du und das Universum – jetzt ist alles möglich.

176 Seiten, farbig, gebunden · ISBN 978-3-96933-019-7

Anjana Gill

Danke für die wunderbare Lösung

Mit dem Universum löst du jedes Problem

Es gibt im Leben immer ein Problem, das uns stört. Aber es gibt eine Lösung – eine Möglichkeit, mit der sich unsere Probleme quasi von selbst auflösen: Die Kraft der Vorstellung, die perfekte Universumsformulierung, die richtigen Worte zusammen mit den lustigen und faszinierenden Universumsspielchen bescheren uns die Fähigkeit, beinahe JEDES Problem in unserem Leben aufzulösen.
Anjana Gill zeigt dir an 50 typischen Beispielen, wie das genau funktioniert – und wie du das für dich und dein eigenes Leben umsetzen kannst. Es gibt nichts, das wir nicht ändern könnten.

160 Seiten, 2-farbig, broschiert · ISBN 978-3-96933-005-0

Anjana Gill

Die perfekte Wunschformulierung

Der Teufel steckt im Detail

So wirst du ein echter Formulierungsprofi! Je perfekter deine Wunschformulierung, umso schneller ziehst du die Erfüllung in dein Leben.
Wenn manche Aufträge ans Universum bisher nicht erfüllt wurden, dann kann das auch an der Formulierung liegen – denn Vorsicht, der Teufel steckt im Detail. Sag dem Universum zum Beispiel nie, was du nicht möchtest, z. B. »Ich will kein Zebra sehen«. Warum, wirst du bald verstehen …
10 Regeln für deine perfekte Wunschformulierung – jetzt klappt's auch mit der Erfüllung.

160 Seiten, 2-farbig, broschiert · ISBN 978-3-96933-010-4

Kurt Tepperwein

Das Erfolgs-Mindset

Zeitlos, inspirierend, wertvoll

Frust, Angst, Zweifel ade – und hallo Selbstsicherheit, Erfolg und Harmonie.
So einfach? Ja, mit der revolutionären Methode des Mindset können Sie Ihren Sorgen endlich Lebewohl sagen und sich auf ein Leben in Freude und Fülle freuen.
Mentalcoach Kurt Tepperwein hat hilfreiche Gedanken gesammelt, die Sie erkennen lassen, wer Sie wirklich sind, was Sie vom Leben erwarten dürfen und welche Aufgabe Sie persönlich hier erfüllen sollen. Zeitloses und wertvolles Wissen, das Sie regelrecht umprogrammiert auf das Leben, das Sie sich immer erträumt haben.
Nutzen Sie Ihre kreativen Gedanken!

160 Seiten, farbig, broschiert · ISBN 978-3-89845-668-5

Kurt Tepperwein

365 Impulse für die Liebe

Für ein wirklich erfülltes Leben in Liebe.
Täglich ein positiver Impuls, der dich durch ein erfolgreiches Liebesjahr begleitet und jeden Tag liebens- und lebenswerter macht. Wundervolle Inspirationen, um deine (Liebes-) Beziehungen erfüllter und bewusster zu gestalten. Für Verliebte, für Liebende und für jeden, der es sein möchte.

376 Seiten, durchgehend farbig, broschiert · ISBN 978-3-96933-020-3

Isabelle Wolf

BUNT gemischt

52 Karten mit außergewöhnlichen Farbcharakteren für Ihren Lifestyle

Treiben Sie es bunt! Diese einzigartigen Karten versammeln viele (be-)merkenswerte Geschichten zu berühmten und berüchtigten Farbtönen. Dabei unterhält Farbexpertin Isabelle Wolf hervorragend und fächert eine bunt gemischte Vielzahl an Verwendungsmöglichkeiten für das Set auf: als Mini-Farblexikon, als Quiz, als Farborakel, zum Austesten von Farbkombinationen u. v. m.

Originell, spritzig, hilfreich – eine kunterbunte Mischung aus Wissenswertem, Hilfreichem sowie Kuriosem und endlich die richtige Farbe für jede Lebenslage!

52 Karten, mit Beschreibung, in Box · EAN 4260-07528-036-3

Franziska Krattinger

Die Kraft der 144 Schalt- und Machtworte

Es ist schwer, eingefahrene Wege zu verlassen und wirklich etwas in seinem Leben zu verändern.

Die 144 wirkungsvollen Karten mit Schalt- und Machtworten helfen dabei, denn sie erwecken die uns innerwohnende positive Macht zur selbstbestimmten Veränderung von Situationen und Vorhaben. Eines dieser Worte genügt bereits, um einen unterbrochenen energetischen Fluss wieder zum Laufen zu bringen und so alles zum Besten zu lenken!

Schalten auch Sie einfach um – und beobachten Sie die positiven Veränderungen in Ihrem täglichen Leben. Sie haben WIRKLICH die Macht dazu!

144 Karten mit Kurzanleitung, inkl. Miniposter, in Box · EAN 4260075280-28-8